le Onde. 21

Pietrangelo Buttafuoco

Strabuttanissima Sicilia

Quale altra rovina dopo Crocetta?

La nave di Teseo

ISBN 978-88-9344-372-2
Prima edizione La nave di Teseo settembre 2017

Sommario

A Peppino Sottile,
giusto per ribadirlo!

Questo libro nasce a Sciacca. Alla presentazione dei Baci sono definitivi *mi rendo conto di quello che per tutta l'estate, come a Mussomeli la sera precedente – o ancora prima a Scicli, a Montalbano Elicona, a Gagliano Castelferrato – fa da prepotente sottofondo. Ed è la politica. Tutti ne hanno sete e torno allora a* Buttanissima Sicilia*, il saggio che Elisabetta Sgarbi volle pubblicare quando le urgenze su una terra abbandonata da tutti, innanzitutto dagli stessi siciliani, esplodevano: dalla mafia dell'antimafia fino al conclamato fallimento dello Statuto speciale.*

Ecco, dunque, questo libro.

È la mia campagna lettorale *contro una campagna elettorale che confermerà – purtroppo, chiunque vinca – l'impossibilità di governare la Sicilia.*

Il mio grazie va a Salvo Piparo, cuntista di Buttanissima *a teatro, pronto già per* Strabuttanissima.

E un grazie e un bacio vanno ad Amelia Cartia.

1. Palazzi, Pupi & Pupari

Sia chiaro: chiunque vincerà le prossime elezioni regionali in Sicilia avrà la responsabilità di indirizzare il futuro politico d'Italia.

Ma sia chiaro, comunque, un altro fatto: il successore di Rosario Crocetta – il più incredibile tra i politici del pittoresco meridione – non potrà che fare peggio del proprio predecessore. E il peggio sarà un'impresa rispetto all'ultima e somma pagliacciata dello stesso Crocetta, che proclama nobili e sdegnosi intenti di correre per riconquistare Palazzo d'Orleans, mentre in realtà voleva solo alzare il prezzo. Tra l'altro, contando sulla vile inadempienza dell'acquirente, che non ha visto il bluff.

Andrà dunque male per la Sicilia, malissimo – quindi – per l'Italia.

La Sicilia è importante in ragione della geografia; è ben più che una regione tra le tante, ai vertici delle istituzioni – al Quirinale con Sergio Mattarella, alla presidenza del senato con Pietro Grasso – ci sono due palermitani e però la Sicilia non è nelle condizioni di reggere un assetto istituzionale derivato da regolari elezioni, per giunta amministrative, giocate da un personale politico locale troppo provinciale se poi il confronto interno all'area moderata viaggia su un dilemma: se candidare la moglie di Misuraca, Barbara Cittadini, o il marito della moglie di Misuraca, il Dore.

Sia chiaro, candidati non ne mancano. Il sito *Livesicilia*, con un articolo di Riccardo Lo Verso, ha già segnalato che quelli che si disputano il ventre moderato – indifferentemente dal centrodestra, come dal centrosinistra – sono tutti cuffariani.

Misuraca, tanto per cominciare, fu assessore al Turismo nella giunta di governo di Totò Cuffaro. E così Roberto Lagalla che, prima di diventare rettore a Palermo, fu assessore alla Sanità. L'assai quotato Giovanni La Via, quindi – prosecutore dell'operato di Cuffaro nell'Agricoltura – ne porta il crisma. E Giampiero D'Alia, infine, oggi indicato da Matteo Renzi in alleanza con Angelino Alfano, fu compagno di partito e ha anche avuto, proprio da Cuffaro in persona, una menzione speciale: "L'ultima volta che mi sono interessato è stato quando, nel 2008, ero già stato condannato in primo grado, e da capolista al senato ho fatto sì che la Sicilia fosse l'unica regione dove l'UDC superasse il quorum ed eleggesse tre senatori tra cui lo stesso D'Alia che era dopo di me."

Sia chiaro: Cuffaro è una spanna sopra tutti e potesse candidarsi, oggi, verrebbe eletto a furor di baci e ne avrebbe beneficio la politica incapace di trovare risposte vere alla realtà di un disastro. Tutti, infatti, con la complicità dei leader nazionali, s'interrogano sullo 0,007 da spostare al centrodestra o al centrosinistra e non c'è nessuno – con l'irresponsabile mercato dei partiti, a Roma – che dia conto dei fatti veri.

Tutti primi al traguardo della gara elettorale – tutti col ditino alzato, Salvini sì, Salvini no – e nessuno pronto ad affrontare la dura verità. Eccola: come risolvere il problema dei flussi migratori, tutti sugli scogli di Lampedusa; come venirne a capo delle discariche; come fare con quella macchina sforna disoccupati qual è "la formazione" gestita dall'ente regione; come fare aggiustare i conti, tutti in dissesto; come sbrogliare il manicomio delle province, sciolte per finta da Crocetta all'*Arena* di Massimo Giletti e poi riaperte in punto di legge, con tutto quel togliere e mettere di presidenti, commissari, funzionari, impiegati, stradini, bidelli, precari, sottoprecari e aspiranti precari.

Questo è lo scandalo. Si mette tra parentesi la vita dei cittadini e l'algebra del potere si riformula col bilancino del gioco elettorale a beneficio del Renzi che verrà o dell'Alfano che sarà. Nessuno, poi, ha memoria: fu D'Alia, infatti, a volere Crocetta alla guida del centrosinistra ma si accende la campagna elettorale e il troppo di clientele, il troppo di parassitismo, il troppo di troppo sottosviluppo – segnacoli del malaffare – impazza nella maionese della retorica.

Come prima, più di prima. Una è stata quella dell'antimafia. È quella che è andata a generare la mafia dell'antimafia, ovvero un grumo di potere invincibile con cui – sotto l'ombrello della legalità – tante foglioline di fico sono andate a prestarsi all'impostura di governi ben più imbarazzanti del peggior cuffarismo: come Antonino Ingroia, l'ex PM, alloggiato nel sottogoverno di Crocetta, o – indietro nel tempo – come Caterina Chinnici, eventualmente prenotata oggi per la candidatura alla presidenza per conto del centrosinistra, appena ieri assessore nella giunta di Raffaele Lombardo, che partì con un governo "dei magistrati" e finì sotto processo per mafia.

Come prima, più di prima. Nella retorica. Come quella dell'indignazione – la benzina da cui il Movimento 5 Stelle attinge la sua ruggente avanzata – dove necessiterebbe la sostanza più che la facile propaganda. A tagliare i vitalizi, per come promette Giancarlo Cancelleri, il candidato alla presidenza dei grillini, la Sicilia ne ricaverebbe un risparmio definitivo di sedici milioni di euro.

Sia chiaro: sedici milioni di euro sono solo un mese di spreco delle inutili partecipate regionali. Il famoso dito che non guarda la luna, quella che a ogni mese reclama un salasso di sedici milioni. Chiunque vincerà si farà tanto male con la Sicilia, per farsi malissimo dopo, a Roma.

Cristo s'è fermato a Eboli ma Giuda è scivolato giù, a Palermo. Angelino Alfano e Gianfranco Micciché tornano insieme e sognano il governo di Sicilia.

I due, già Dioscuri del berlusconismo, spersi nel deserto della politica s'incamminano verso il miraggio: il sessantuno a zero.

È il festoso risultato con cui Silvio Berlusconi, nel 1994, vinse tutti i collegi elettorali tutti: nel Val Demone, nel Val di Mazzara e nel Val di Noto.

Resta nei libri di storia quell'esito. C'erano più deputati che fichidindia. Anche il Val di Dittaino fu travolto dalla marea azzurra di Forza Italia e però – sia detto a onore della cronaca – Vladimiro Crisafulli, grazie al recupero dei resti, risultò eletto per alzare così da Enna le insegne di Botteghe Oscure.

Giuda, dunque, prende alloggio a Palermo perché con Alfano e Micciché si mobilita, oggi, la congrega dei traditori.

Tale è il primo. Mancante di *quid*, dopo aver accoltellato Berlusconi, s'è accasato nel governo di Enrico Letta prima, e di Matteo Renzi dopo, beneficiandone di rango. Senza attendere l'esito dell'*Italicum* – dopo Silvio, dopo Letta – s'appresta adesso a tagliare le gambe in Sicilia al Rottamatore.

Tale è il secondo: se il pittoresco Rosario Crocetta oggi è governatore, lo è grazie a Micciché. Il plenipotenziario di Forza Italia, con una lista sua, s'adoperò a sottrarre consensi al suo stesso partito e al centrodestra e far insediare così a Palazzo d'Orleans – la sede della giunta di governo siciliana – la pantomima della rivoluzione dei Pappagone di Sicilia (una sciagurata stagione d'impostura che artiglia nel ridicolo tutti, antimafia compresa, e figurarsi quanto i servi sciocchi dello *status quo*).

Tutti primi al traguardo del tradimento, quindi. I due – nemici da sempre – chiamano a raccolta un centrodestra unito dal rancore al punto d'aver avuto segni di ripresa nelle recenti amministrative.

Niente deve sorprendere in politica, certo, e non può mancare all'appuntamento Saverio Romano, del gruppo ALA. Nella vicenda del berlusconismo – questo "gruppo ALA", il partito di Denis Verdini – incarna ben più che una nemesi. È un contrappasso visto che Forza Italia diventa sempre più residuale. E siccome ogni dettaglio chiama una sfumatura – senza dimenticare Renato Schifani – ben s'intuisce l'anelito morale di quest'insorgenza. Ed è svelata in un insegnamento, tanto loffio quanto sostanzioso: chi si guardò, si salvò. Con buona pace di un Berlusconi che nella Sicilia del fu "sessantuno a zero" vede tornare alla ribalta chi, nei giorni del tramonto, lo lasciò da solo a giocare con Dudù.

Alla congrega si aggiungono tutti i titolari dell'antico mal di pancia centrista. Nessuno si meravigli se poi, al miraggio, s'aggregheranno anche i centristi provvisoriamente approdati nel PD di Renzi. Tradito uno, si può ben tradire un altro. I manuali di scienza della politica parlano di trasformismo. Buttato a mare un Silvio, può ben fargli compagnia un Matteo.

Tanto simili, quanto dissimili – Angelino e Gianfranco – mirano a due milioni di voti cosiddetti moderati. Forti d'intenzioni, però, difettano di legioni. Nel regno di Alfano, e cioè Agrigento, non è che non tramonti mai il sole, anzi, lo scuro è fitto fitto. E così in tutta la Sicilia. Tutto buio. Si vedono solo le stelle ormai. Cinque per la precisione.

Il M5S è prossimo a prendersi la più fetida delle rogne, la Regione siciliana. Se Roma è, infatti, un manicomio, la Sicilia è l'inferno.

C'è da sperare che il movimento, dopo il pasticcio del Campidoglio, eviti di cadere nella trappola. Governare una cancrena conclamata qual è la Sicilia equivale a un fallimento. Ed è perciò che ai CinqueStelle, vincendo le elezioni, non resta che una strada: conquistare la presidenza della regione ma per chiederne la chiusura.

Ci sono otto miliardi di euro in agguato. È l'indebitamento della Regione siciliana che tra prestiti e mutui – non senza dimenticare i centoquarantatré milioni previsti nell'ultimo bilancio per tenere in vita l'ARS, il parlamento regionale – trasforma ogni altra grana in una passeggiata di salute. È un affare che non conviene, la Sicilia. Ci sono otto miliardi di euro in agguato. E ci vuole un atto di coraggio. Si deve fare quello che non è stato fatto a Roma. Un'operazione di *due diligence*, per dirla all'americana, da applicare a un "ente locale" qual è la pur "autonoma" Regione siciliana.

Una soluzione identica a quella fatta a Detroit, negli Stati Uniti, nel luglio 2013, dove il governatore del Michigan – a seguito di un disastro durato più di mezzo secolo – in base alla legge fallimentare ne decideva la bancarotta per poi restituire la città alla rinascita. Fosse stata fatta a Roma questa procedura oggi Virginia Raggi farebbe politica invece che – purtroppo – subirla.

Quando l'emergency financial manager Kevin Orr si presentò al tribunale fallimentare della quarta metropoli d'America non c'era che corruzione, criminalità, desertificazione e declino economico. È il ritratto sputato dell'Isola messa a galleggiare al centro del Mediterraneo. E Giancarlo Cancelleri, dunque, se sarà chiamato a guidare la lista del M5S, dovrebbe tenere conto di questa strategia di cruda chiarezza nella terra dell'abisso sociale dove allignano pagnottisti, mafiosi e antimafiosi di pronto accomodo.

Si chiama *due diligence*, comporta una sola azione – portare i libri in tribunale – ed l'unico strumento per dare concretezza al cambiamento: consentire al giudice fallimentare di tagliare quei debiti e quei costi di funzionamento da sempre gonfiati dalla "casta con le sarde" che nessun sindaco, nessun presidente, nessun politico – insomma – è nelle possibilità di poter fare.

Tutto è paralizzato in Sicilia dove leggi, decreti e autonomie vanno in corto circuito con l'unico vero governante rimasto, il TAR, una casta togata incaricata a stabilire chi vince e chi perde nella giungla di leggi e controleggi nate all'ombra del mefitico Statuto speciale. La Sicilia è il posto che nessuno, neppure la mafia – tanto il sistema è paralizzato – riesce a governare. Le masse clientelari soffocano gli inutili poteri dell'Autonomia regionale e una riflessione, proprio una, i dirigenti del M5S la devono fare. Ci sono ventunomila forestali in tutta la Trinacria. Se vincete le elezioni, cari Cinque Stelle, ve li ritroverete tutti sotto casa. E neppure lo streaming, quando bloccheranno autostrade, aeroporti e trazzere, potrà esservi d'aiuto.

Il M5S che fa festa oggi a Palermo dovrebbe chiedere il consenso agli elettori su questa formula semplice: fare tabula rasa, e poi ricominciare. Entrare a Palazzo d'Orleans, dunque – e lo stesso giorno della proclamazione – chiedere al tribunale di procedere col fallimento dell'ente regione. Rompere il banco, insomma. Evitare di ripetere l'errore, perché di questo si tratta, fatto a Roma.

Si chiama *due diligence* ed è l'unica strada da percorrere in una landa dove – ormai è dottrina – il successore riesce sempre a far rimpiangere il predecessore. E così è per ogni presidente della regione, con l'attuale Rosario Crocetta – sostenuto a suo tempo perfino dal *battage* della stampa nazionale più autorevole – politicamente imbarazzante al punto di far credere alla più subdola delle illusioni, e cioè che dopo di lui chiunque verrà sarà di certo migliore.

Il caso Roma, ancora una volta, insegna. Chiunque rispetto a Ignazio Marino, politicamente un impiastro, è meglio. Virginia Raggi dà una pista al suo predecessore ma, col carico dei danni altrui, ha una sola possibilità: spegnere la luce e chiudere la porta del municipio. Senza poter più ricominciare. Ecco, specie di questi tempi, si tratta di spegnere e di ricominciare. Ma solo una strada consente ciò. E si chiama *due diligence*, altrimenti detta *tabula rasa*. Cominciate col farla in Sicilia. È il famoso laboratorio politico. Funzionerà poi in tutta Italia.

L'appuntamento politico prossimo venturo è quello delle elezioni in Sicilia – trovare un nuovo governatore – da come andrà a finire si capirà come andrà in Italia. E però nessuno si capacita di un assurdo: come sia stato possibile tenersi un presidente della regione come Rosario Crocetta.

L'isola, insomma – il pezzo strategicamente più importante del Mediterraneo, l'avamposto di tutti gli equilibri socio-economici del Meridione – incredibilmente abbandonata da tutti, peggio di un'inutile periferia; la California d'Italia finita nelle mani di una sorta di pittoresco tronista dell'*Arena* di Massimo Giletti, il Crocetta, che nel salotto postprandiale della domenica televisiva vi andava ospite per sciogliere quelle province che oggi, a fine corsa, è stato costretto a resuscitare.

Non un sonno della ragione, neppure un tratto di tragicità, piuttosto un capriccio dell'eccentricità questa dell'imbarazzante parentesi crocettiana di cui – già da adesso – se ne può fare sceneggiatura. Basta scorrere i verbali delle commissioni e lo stenografico del dibattito parlamentare all'ARS – il parlamento più antico d'Europa – per ricavarne un canovaccio dell'irresistibile commedia dell'assurdo.

Eugène Ionesco urge quando con Antonio Zichichi – il celebrato scienziato, nominato assessore nella prima giunta di governo Crocetta – va a capitare il manicomio degli sghignazzi e della rassegnazione. E lo spettacolo comincia quando, annunciato nella pompa magna della mobilitazione degli ingegni, nientemeno che dalla Svizzera s'attende l'arrivo di questo simpatico Spennacchiotto. Arriva oggi, arriva domani, non arriva mai e quando dopo tanto tempo finalmente atterra a Palermo – nominato assessore alla Cultura e all'Identità siciliana – si può organizzare la prima riunione nell'assessorato dove ad attenderlo ci sono ben quindici "gabinettisti" rispettivamente indicati dai partiti, tutti, compresi quelli dell'opposizione (dicesi *gabinettista* l'assistente al gabinetto assessoriale, centomila euro lordi annui, preposto al sostegno del gabinetto-capo, ovvero l'assessore medesimo).

Sono quelli i giorni in cui in Sicilia esplode la questione dell'affidamento delle biglietterie dei siti archeologici – tanti piccioli in gioco – la tensione è alle stelle e i gabinettisti, timidamente, espongono il problema allo scienziato che a ogni intervento (ben quindici) dà la stessa risposta: "Bene, ne parlo con Elisabetta!"

Per ben quindici volte si fa il nome di Elisabetta. Tutti si guardano intorno per individuarla questa benedetta Elisabetta – "Sei tu?", domandano alle signore presenti – quando alla fine si svela l'arcano: "Sua maestà la regina d'Inghilterra" confida l'assessore Zichichi, il fantastico Spennacchiotto tornato nella sua isola per riconsegnarla alla gloria perduta. E così chiude la sua prima riunione: "Elisabetta ha a cuore le sorti della bella Sicilia, ne parlerò con lei."

Sempre spulciando tra i verbali di seduta assembleare, ci concediamo un bis. Antonino Zichichi, dunque, incontra i "gabinettisti" a lui preposti, e li rassicura: "Per risolvere ogni guaio parlerò con Elisabetta." Seconda. D'Inghilterra.

E finalmente, in ultimo, l'uomo di scienza fa il suo ingresso in aula per il dibattito parlamentare.

I gabinettisti, dopo averlo visto all'opera in commissione, già sudano freddo. Giovanni Ardizzone, presidente del parlamento, apre la discussione e lì ogni capogruppo propone l'urgenza del proprio interrogativo. C'è la questione delle questioni: l'affidamento ai privati delle biglietterie dei siti archeologici – "di questo non parlo!", tuona Zichichi – ci sarebbe anche la stravaganza, in una terra di turismo, dei musei, degli antichi palazzi e dei parchi, sbarrati al pubblico nei giorni festivi e in quelli delle ferie. "Di questo non parlo!", urla ancora Zichichi che a ogni intervento in aula – si prenotano tutti i deputati, ognuno con una domanda cruciale – ripete immancabilmente: "Di questo non parlo!"

Come in una commedia di Eugène Ionesco – ma anche

come in una scrittura di François Rabelais – a un certo punto qualcuno domanda: "Ma di cosa ci parlerà, dunque?" E lo scienziato, guatando Crocetta visibilmente angosciato, si avvicina al microfono e con tono stentoreo annuncia: "Io oggi vi darò la soluzione di tutti i problemi di Sicilia, sono qui a dirvela, prendete pure carta e penna." Cala il silenzio, qualcuno vede sopra la frezza zazzeruta di Zichichi la proverbiale lampadina del Pitagorico, quello di Walt Disney e chi la vede l'indovina. È un disegno di legge: "Ogni comune siciliano, all'interno della propria zona abitativa, individui lo slargo più ampio – non necessariamente la piazza più bella, ma la più grande – per dedicarlo ad Archimede." Un silenzio interrogante del tipo – "Ci sta prendendo per i fondelli?" – veleggia tra gli scranni e Ardizzone, allora, proprio non si trattiene: "Ma perché no, ad Empedocle?" Offre la stura a tutti: e Diodoro Siculo? E Giovanni Verga? E padre Scavuzzo? La toponomastica s'impossessa del delirio parlamentare quando Crocetta, sconsolato, si concede l'unica battuta spiritosa della sua vita: "Ahimè, forse mi conveniva rinunciare all'imitato e nominare direttamente l'imitatore, Crozza..."

Autoritratto di una macchietta. Politica va da sé, la caricatura. Questo risulta essere, ormai, Rosario Crocetta. Dice, dice e dice. E si confonde con quello che dice. Sta lì per spogliarsi. Per far tastare all'interlocutore la consistenza della propria massa corporea grassa: "Lo vede come mi balla la pancia?" Uno che sta lì pronto a esibire, se necessario, il certificato medico: "Sono diabetico." Come se si trovasse in una pagina di melodramma. A giustificarsi delle cure avute da Matteo Tutino, il suo dottorino, arrestato e braccato manco fosse il suo Rasputin e lui – asserragliato nel fortino della sua ultima stagione politica – a continuare ancora con la scena madre del martirio atto secondo: eroe dell'antimafia prima, eroe dell'antiomofobia ora.

Una macchietta. Dice, dice e dice. E si confonde con quello che dice. Questo risulta essere Rosario Crocetta a leggere e rileggere un'intervista concessa al *Fatto Quotidiano.* E bene ha fatto Antonello Caporale, nell'intervistarlo, a lasciarlo parlare liscio di budello per come s'è presentato perché Crocetta, così, senza freni, ha svelato di sé – oltre la maschera unta di tintura – il vero volto: quello di un presidente impresentabile.

Una macchietta a macchinetta, poi, con tutto quel suo confondere la giornata con la mesata, i milioni con i meloni e i fischi per i fiaschi quando ha detto di sette, nel senso di numero 7, presidenti suoi predecessori arrestati prima di lui quando Totò Cuffaro – l'unico a essere detenuto – s'è comunque costituito senza procurare agitazioni e allarmi e non risulta che Raffaele Lombardo, verso cui Crocetta conferma nelle scelte di governo la continuità di comparaggi, sia in galera. Dice, dice e dice. E si confonde con quello che dice. A chissà quale matematica, infine, dedichi le sue chimere Crocetta quando parla di aver cacciato nella sua Gela ben ottocentoventicinque mafiosi dimenticando, nella foga di dar numeri, che il compito di affermare la legge non è suo bensì dei magistrati e delle forze dell'ordine.

Una macchietta. Politica va da sé. Dice, dice e dice. E si confonde con quello che dice. Lucia Borsellino gli ha strappato la fogliolina dell'antimafia e adesso lui si dà alle sceneggiate, anzi, alle scene madri, pronto per un reality se solo avesse le qualità del brio e della grazia pop. Ma ha proprio un problema, Crocetta. Se stesso. E non gli balla la pancia. Gli balla l'Ego.

Rosario Crocetta, sempre in tivù – e sempre dai fraternissimi Massimo Giletti e Klaus Davi – tanto per fare bella figura fece un annuncio clamoroso: "Abbiamo abolito le province." Ovviamente fu una fanfaronata, giusto per non chiamarla nella sua crudezza: una bugia. Il pittoresco presidente della Regione siciliana, infatti, ha solo sbaraccato le vecchie amministrazioni, vi ha messo i suoi fidatissimi commissari regionali. Il famoso Antonio Ingroia, buono ormai per cantare nei matrimoni, è stato nominato a Trapani. Praticamente un luogotenente di Crocetta che così si prende tutti i poteri per diventare, di fatto – dopo il precedente storico di Garibaldi – il secondo dittatore di Sicilia.

Col progetto insano di fare in Sicilia i "liberi consorzi", tre aree metropolitane e le unioni di comuni – una delle quali con Gela, la sua ridente cittadina, eletta capoluogo – quando in tutta Italia le aree metropolitane sono nove, costose il doppio rispetto alle vecchie province. Tempo è passato. Non fate sapere però che il disegno di legge presentato dalla giunta di governo è stato riscritto cinque volte perché inapplicabile. Il bilancio, poi – quello dei piccioli – è prossimo al fallimento. Coi dipendenti regionali che non ricevono lo stipendio.

Più che Gomorra, Sodoma. In merito all'arresto di Matteo Tutino, il medico personale di Rosario Crocetta, c'è un dettaglio rimasto appeso: lo sbiancamento anale. Tutino, mago del *body jet*, il trattamento estetico che a Palermo – secondo la procura – veniva messo in conto al servizio sanitario pubblico, con questa rifinitura destinata alla clientela VIP aggiorna l'immaginario dei retrogradi, apre le finestre della mente e scava profonde prigioni al pregiudizio. Un dettaglio utile questo – e lo è – non certo per le indagini dei NAS ma per l'evoluzione dei costumi. Trattasi di un intervento a colpi di bisturi e suture per ingentilire l'orifizio d'evacuazione – al punto di farne un fodero di candida porcellana – e pare sia molto richiesto dai pazienti più scavallati a conferma di ciò che nei frastornati anni ottanta suonava ancora come profezia: "Il culo diventerà la fica del Duemila!"

Va da sé che è Buttanissima Sicilia. Io non sapevo ci fosse questa elaborata pratica estetico-chirurgica (allegramente rubricata, a esclusivo privilegio di pochi, nei rimborsi del servizio sanitario nazionale), e se il primo accostamento mentale rimanda ai riti descritti da Goethe nel *Faust* – e non solo il bacio sul buchino sporco del demonio nel sabba, ma ai turgori di Mefistofele mentre guata voglioso i sederini degli angioletti – l'esito simbolico non può che confermare Palermo nella modernità perché, e sia detto una volta per tutte, la Sicilia è un passo avanti anche rispetto alla Costituzione americana dove i matrimoni omosessuali ormai sono più che garantiti.

Dopo Gomorra dunque, è l'epoca di Sodoma. E non è più questione di diritti, di amori uguali tutti fatti di uno stesso sì, ma di piacere, di squisito diletto in zona "ovale". Così si legge nella trascrizione delle intercettazioni – "ovale" – laddove poi per "brasiliana" non s'intende più la depilazione pubica tanto in voga tra le signore degli anni novanta bensì di modellamento del gluteo, portato ad altezza di scaldabagno. Ed è il gluteo maschietto, il protagonista, giusta sostituzione del fondoschiena femminile, quello che ai tempi del gallismo siciliano che fu, ai giovanotti ingravidabalconi – ammirando le ragazze a spasso – faceva dire: "Io per delle natiche così darei un miliardo!" A fargli eco, un altro amico: "Uno? Due di miliardi!"

Tutta un'altalena di cifre in merito al popò – nel formato chitarra, quello delle donne – fermata dalla spietata considerazione delle signorinelle sempre spiritose: "Le natiche ci sono, sono i miliardi a mancare!" Ecco, è il famoso mutamento di costume, e sebbene Crocetta sia stato un disastro alla prova del governo, quanto a civilizzazione – anche grazie al suo medico personale – non gli si potrà negare un primato: avere consegnato coppole e lupare al sollazzo epicureo. E per fortuna a Sodoma, più che a Gomorra.

All'indomani della sua vittoria elettorale, il 29 ottobre 2012, Crocetta convoca la conferenza stampa per le ore 12.00 a Marina di Tusa, presso l'Atelier sul mare. È, questo, il bellissimo albergo di Antonio Presti, un sincero combattente sul fronte della lotta alla mafia che – dopo un'ora, dopo due e quindi tre – si muove a pietà verso il bivacco stanco dei giornalisti, va sotto al balcone della stanza del presidente e gli urla: "Scendi!" Presti nega di aver detto "Bottana, scendi!" Tutti i cronisti giurano di averlo sentito, a lui stesso – spiritoso, uomo di mondo, vero eroe nella difesa del patrimonio culturale – lo abbiamo chiesto. Ma lui nega, nega e nega. Ovviamente è detto per scherzare, naturalmente è fatto per giocare e Crocetta, infatti, sbuca dalle persiane, sorride e, cespuglioso di sonno e sogni – i colleghi tutti non potranno che confermare questa scena, rimasta nei loro taccuini – avvia la raggiante rivoluzione. Va da sé, tutta di Buttanissima Sicilia.

Troia no. Ma morta ammazzata sì. Matteo Tutino, amico e medico personale di Rosario Crocetta, intercettato al telefono, così dice: "La Borsellino va fatta fuori. Va fermata. Come il padre." Il dottor Tutino, chirurgo plastico, è agli arresti. Lo inchioda un'indagine: è accusato di aver messo in carico al servizio sanitario pubblico gli interventi di lifting e il modellamento dei nasini, cose così, ma il pozzo dell'inchiesta è ben più nero. E può uscirne qualunque cosa.

Troia non si dice ma augurare di saltare in aria a Lucia Borsellino, quello sì. Stante le rivelazioni dell'*Espresso*, si può fare se – e il settimanale lo conferma contro la secca smentita della procura di Palermo – Tutino parla e Crocetta tace. Crocetta non era stato zitto quando Franco Battiato, suo assessore, aveva definito "troie", oltretutto in senso figurato, "uomini e donne disposte a tutto per sete di potere". Era il marzo del 2013 e Crocetta cacciava Battiato dal suo governo inviando bigliettini di scuse alla camera e al senato – a Laura Boldrini e a Pietro Grasso – non senza licenziare dalla giunta regionale anche Antonio Zichichi, lo scienziato: "Non se ne poteva più," disse, "parlava di raggi cosmici."

Niente troie e niente raggi cosmici, dunque. Neppure dell'universo si può discutere con Crocetta. Vagheggiare di uomini e donne da far fuori – tale padre, tale figlia – invece sì. Se ne può parlare. Così – stante le rivelazioni dell'*Espresso*, su cui s'è acceso un giallo – nella dottrina del doppio peso e della doppia misura di cui fino a oggi Crocetta, tutelato dal Partito democratico di Matteo Renzi, ha beneficiato. Niente raggi cosmici, quindi. Figurarsi i cannoli. È qualcosa di peggio dei cannoli che portarono alle dimissioni di Totò Cuffaro, che fu detenuto, ma la telefonata di Crocetta, acchiappata nel 2013 dai microfoni di altre forze inquirenti, impegnate in altre inchieste parallele, è perfino superflua nel qualificarlo quando già l'intervista di Antonello Caporale sul *Fatto Quotidiano* lo aveva laureato impresentabile e patetico. Bastava leggere quando offriva all'assaggio di Caporale la propria panza ballerina – "la tocchi, la tocchi!" Motivo più che sufficiente per far alzare il telefono a un Renzi qualunque e ordinare l'immediato commissariamento della regione.

Una telefonata, appunto, quella divulgata dall'*Espresso*, che ha costretto il capo dello stato, Sergio Mattarella, quindi il presidente del consiglio, Matteo Renzi, e perfino la benevola seconda carica dello stato, Pietro Grasso – tutti e tre, di certo, dotati di buone fonti – a gettare un occhio, con le loro dichiarazioni, sul mondo costruito da questo presidente ridotto a macchietta e sulla povera Sicilia in pieno disfacimento istituzionale. L'inchiesta, anche se la procura smentisce l'esistenza della telefonata attribuita dall'*Espresso* a Tutino, è ancora agli albori. Il dottor Tutino non era solo l'amico e il cerusico personale di Crocetta. Teneva rapporti stretti con tutto il suo cerchio magico, non esclusi i magistrati (qualcuno dei quali col nasino rifatto), i consigliori e gli assessori di stretta osservanza.

Tutti "tutini" a eccezione di Lucia Borsellino. E anche lei, ieri – cui non mancano certo buone fonti – ha parlato: "Provo vergogna per loro."

Con la scadenza di Rosario Crocetta – il governatore di Sicilia ormai agli sgoccioli – si chiude un capitolo di *Sexual Personae.*

Solo col paradigma di Camille Paglia, infatti – il deliberato sensazionalismo della rappresentazione sessuale – tutto il suo chiodo schiaccia chiodo, quel levare uno per metterne un altro, trova spiegazione.

Sono quarantasette gli assessori cambiati in corso d'opera, altro che Virginia Raggi a Roma. Con la canzone di Lucio Battisti, *Dieci ragazze*, lui – lui che pure dichiarò pubblica castità – può ben cantare: "Dieci assessori per me, non posson bastare..."

Melodrammatico di suo, Crocetta è mobile: qual piuma al vento. Per non dire dell'indirizzo politico. Passa, come niente, dal No MUOS al Sì MUOS.

Il radar dell'esercito americano che in campagna elettorale non vuole far costruire nel sughereto di Niscemi – a protezione della salute dei siciliani – diventa necessario, strategico e imprescindibile appena eletto governatore.

E le province, poi, cancellate d'imperio in tivù, giusto alla fine della legislatura sono riportate in vita ma nel frattempo lui – furba Penelope – nomina i propri commissari di fiducia.

Crocetta getta gli ossi ai proci desiderosi d'impossessarsi del talamo, quindi fa e disfa la tela di governo, ed è così che da subito piazza nel sottogoverno quel che per lui, più che un destino, è una romance: Antonino Ingroia.

Il temuto ex PM è messo a capo della commissariata provincia di Trapani affinché lo storytelling sensazionalista, concentrato su Castelvetrano, abbia una suggestione irresistibile: arrestare il latitante Matteo Messina Denaro. Come solo lui sa fare.

Il canone è presto svelato: la Principessa e il Drago. La Sicilia – e per traslato l'isola non può che essere Crocetta – trova in Ingroia il prode che sconfigge il bestio immondo, l'imprendibile capo di Cosa nostra, e finalmente lo prende.

Altro che la storia della mafia di Michele Pantaleone, qui non c'è la rude tinta agreste di Villalba. La policromia è tutta di pastelli e qui, dunque, urge Walt Disney. I sogni sono desideri e poco importa che nel frattempo, nell'attesa della resurrezione delle province, Ingroia abbia preso solo lo stipendio; quel che vale nel codice di *Sexual Personae* è l'emotività dominante nell'ora qua, ora là propria dell'eroina svagata. Una divinità della sventatezza giammai contestata – va da sé – da alcuno.

Il cavaliere purissimo – tale è Ingroia – consuma il bruciante atto d'amore con la Principessa sotto l'ala di ben altro Drago. Inesorabile più del castelvetranese latitante.

La principessa di questo edificante romance – sebbene ondivaga, volubile e viziata – ha un sovrano remoto cui tributare leale obbedienza. Più che un re è attualmente un senatore. È un veterano della casta – quattro legislature da deputato, più altre due a Palazzo Madama – è il temutissimo, rispettatissimo, severissimo Beppe Lumia da Termini Imerese che difficilmente uscirà dal retropalco di borotalco di cui è supremo regista.

L'ammontare del suo stipendio – il cumulo delle pensioni, i contributi, il monte premio dovuto al potere – è perfetto per farci almeno quattro scalette dell'*Arena*, se mai ci fosse ancora su RAI 1. E se mai Giletti rinunciasse a fare il Guido Cavalcanti di Crocetta, dovremmo però dire, visto che di tutto quel pittoresco pasticcio di Sicilia il Massimo ne ha cantato la corte con il Beppe i vorrei che tu, Ingroia e io fossimo presi per incantamento... ma adesso si rischia il fuori tema perché comunque – come si dice? – è la somma che fa il vitalizio. È più facile che un cammello passi attraverso la cruna di un ago che il Beppe non trovi una prossima legislatura dove accasare le sue toniche terga.

Colpo di scena. La vera Principessa è Lumia e Crocetta esce di scena, dunque, come la crocetta di Sicilia. E tutto il questo o quello – che per lui pari fu – è una messa in scena di capricci. E si salta il melodramma per l'approdo più consono: il fotoromanzo.

La cronistoria di cinque anni di governo si sfarina nella malinconia del non sapere come uscire: il suo partito, il PD, candida Fabrizio Micari, il rettore dell'università di Palermo, alla sua successione e lui – come Emma Gramatica aggrappata alle tende – insiste sulla richiesta delle primarie: rifiuta il ticket di retrocessione al ruolo di vice convinto davvero di avere risollevato la Sicilia e com'è tipico dei tramonti affrettati è nel metterci una crocetta sopra che si chiude il tutto.

Vice e non vice, la Sicilia è pur sempre la terra maschia dove sopra al re c'è sempre il viceré, e questo solo Lumia lo sa. Ma non si deve scantonare rispetto al grande romanzo degli amori perduti di Crocetta. È un rosario, quello di Rosario, di figurine apparse e subito scomparse; come agli inizi, dove lo sfizio di fare un governo sfizioso si rivela presto un happening dell'eccentricità con Franco Battiato e Antonino Zichichi, rispettivamente un sommo artista e uno scienziato – nomi nati nella giunta di governo agli inizi – subito dismessi più che dimessi.

Battiato è assurdamente licenziato da Crocetta in nome della correttezza ideologica. L'autore di *Povera Patria* giustamente liquida come troie i politicanti alla cerca di prebende, pronti a ogni trasformismo, ma il termine è eccepito – aita, aita! – quale sessista.

Stordito dalle stalle clientelari Zichichi se ne torna tra le stelle delle sue pensate astronomiche e così i primi campioni della più squillante comunità dei saputi, prontamente sostituiti da comparse reclutate nel sottobosco delle trattative, sono amori dimenticati – ma in tanti avranno il benservito – bizzarrie archiviate tra le smanie di un Dorian Gray, di un Lord Byron o di una Lauren Bacall, la musa-vampiro nel "questo o quello" umorale dell'ora sì, ora no.

Ora sì, ora no nella contradanza di assessorine – la Michela Stancheris, la Nelli Scilabra – pronte nel cambio di ruolo: dalla giunta di governo alla condizione di segretaria. E viceversa. E sempre per assecondare il capriccio. Per non dire del deliberato sensazionalismo.

Il chiodo Matteo Tutino schiaccia il chiodo Lucia Borsellino. Dovendo scegliere tra la sua assessore alla Sanità – fiore all'occhiello della legalità – e l'amico medico, specialista in chirurgia estetica, Crocetta sa dove martellare. Schioda senza alcun dubbio lei, la figlia di Paolo Borsellino, che nell'andarsene via trascina a sé il non detto per eccellenza. Eccolo: lei – nessuno lo ricorda – non vuole neppure più mettere piede in Sicilia. All'indomani delle sue dimissioni il fratello di lei, Manfredi Borsellino, si stringe in un muto quanto chiassoso abbraccio con Sergio Mattarella, il presidente della repubblica.

Come la principessa sul pisello Crocetta l'avverte questo strano fastidio sotto il suo materasso – la ben chiara scelta di campo delle istituzioni, tutte al fianco di Lucia – ma si sorvola, fa finta di nulla e si destina a Tutino che ne ha ben d'onde di capirne di sanità siciliana. Fino a lasciare nelle carte della magistratura quel dettaglio che dice e non dice di tutta una brillante stagione. Non l'inesistente intercettazione in cui Tutino avrebbe auspicato la nemesi familiare sull'assessore a lui ostile, no; bensì lo "sbiancamento anale". Un trattamento di cosmesi intima e però considerata assai glamour. Pare in gran voga tra i libertari libertini liberati.

Sono amori tutti perduti. Fatta salva la castità – annunciata in campagna elettorale, "niente sesso, sarò presidente" – gli innamoramenti si sono affollati nel vortice della più squinternata stagione politica pazza tutta d'impostura.

Crocetta entra in scena e mette subito a frutto il proprio marchio sessuale, tutto di emancipazione dei costumi e liberazione. Ne fa una rendita politica della sua omosessualità e da ogni parte del mondo arrivano curiosi – primi su tutti, i giornali americani – per raccontare la novità dell'isola retrograda e incivile finalmente emancipata e destinata alla civiltà *gay-friendly*.

È così dentro al codice di *Sexual Personae*, lui, da sorgere tra i canneti di Gela, la sua città di origine, quale magmatico oggetto del desio. Come per Silvana Grasso, illustre scrittrice, la cui prosa – in tema di Crocetta – è ben più che avvampata, trasfigurata quasi, in un cartiglio dove comunque eros è l'amministratore delegato di questa fabula buffa.

Anni furono quando lei disse, ebbene sì, qualcosa ci fu, ma pizzichi e baci non lasciano buchi, la cosiddetta scelta sessuale piegata al mercato del consenso – "Tutti vogliono sapere con chi io vado a letto," strepita lui nelle deliziose interviste che rilascia a Mario Barresi su *La Sicilia* – è parte della deriva trash. È il deliberato sensazionalismo di *Sexual Personae*.

Là dove non arriva l'antimafia, arriva l'esorcismo omofobo. Ancor più che mafioso, infatti, è l'omofobia a tracciare il solco della riprovazione sociale. Quanto più sei antimafioso tanto più è mafioso chi non la pensa come te anche sulla quantità d'acqua da dare alle papere, ma doppiamente garantito è chi – sul fronte sexual – se ne fa scudo.

Sotto traccia, nel sotto testo della patetica narrazione – sugellata da una fatwa omofoba inesistente – s'impone questa dottrina: i mafiosi, tutti machi, fanno la guerra a Crocetta più per il suo essere omosessuale che per il suo impegno di legalità.

La fissazione, giusto a ricordare il maestro Giuseppe Sottile, è "peggio della malattia". In questo teatrino durato cinque anni – grazie alla complicità dei deputati regionali, fedeli allo stipendio, incapaci di dimettersi per porre fine all'impostura – il chiodo schiaccia chiodo s'è esercitato sugli attrezzi di scena. E accade perfino attraversando il casello dell'autostrada Siracusa-Gela, a Cassibile, dove a bordo di una delle cinque Audi blindate del presidente – un corteo, più che una scorta – Crocetta si prende un brutto spavento. La macchina è andata a sbattere per eccesso di velocità su un tratto ridotto a strettoia, e però presto il tutto è stato trasformato in un attentatone preparato dalle oscure trame retrogradi, incivili, mafiose e omofobe a uso e consumo della sceneggiata emozionale di aita, aita!

Nessuno mette in fila tutte le volte di tutte gli abbagli e gli allarmi. La vicenda ha un suo motivo erotico. È la famosa attrazione fatale del paracarro. Fu che il pilastro in cemento armato del casello si buttò addosso alla macchina dove viaggiava Crocetta, questo fu e già riderne – ancora oggi – rivela il volto bieco dell'omofobia.

Il sesso come cespite di una rendita politica quello di Crocetta che ribalta qualunque critica sulla sua sfacciata incapacità di governo in un sabba di consenso, costringendo tutti a una sorta di penitenziagite corale.

Chi avversa Crocetta è marchiato omofobo. E ne fa un tic del suo essere bizantino, non uno stile. Non è un'eleganza tutto il suo "desiderio di felicità", piuttosto un'arma contundente. Da usare per neutralizzare qualunque dialettica politica.

Un suo assessore, Giovanni Pistorio, si lascia andare a delle battute da caserma sull'improvvisa smania del governatore di volere più traghetti per Filicudi. Le parole – maschie – vanno a finire nei brogliacci delle intercettazioni e Crocetta, su cui si apre l'indagine che vede inquisito l'armatore interessato alle rotte eoliane, riesce comunque a marchiare di conclamata omofobia l'assessore, moralmente condannato ancorché non indagato in quella vicenda. Carte cambiate in tavola come in una magia da magliari, e così è nella fantastica Sicilia del friendly pittoresco più che gay.

Si chiude quindi il capitolo di *Sexual Personae* in tema di Sicilia. E Barresi che non gli para il sacco a Crocetta – anzi, il contrario – da novello Camille Paglia lo fa uscire al naturale. Ed ecco le parole del presidente: "Se l'assessore Pistorio si fa dare il motoscafo per andare a prendere una donna, allora è macho, è femminaro. Se io vado a Filicudi per trascorrere una vacanza morigerata in mezzo alla natura, in un'isola dove l'ultimo presidente che c'è andato è Rino Nicolosi che gli portò la corrente elettrica, allora io sono una checca ossessionata dal sesso. Questa è omofobia, è sessismo. Lo stesso succede alle donne: se hanno successo non è perché magari sono davvero brave, ma perché sono zoccole e saltano da un letto all'altro."

A parte il fatto che il suddetto Pistorio conosce *Le Memorie di Adriano* di Marguerite Yourcenar come fosse l'*Ave Maria* – e perciò non può essere tacciato di ostilità verso gli arcobaleni – il maschio Giovanni, reietto, resta in un altro fatto: di essere il quarantaseiesimo assessore della giunta Crocetta costretto alle dimissioni.

Subito dopo lui c'è quello chiamato a chiudere la porta, il numero quarantasette, morto che parla, per la *Smorfia* e se non fosse per l'omofobia sarebbe proprio da cambiare il nome al libro delle divinazioni oniriche: la *Mossa*. E più deliberato sensazionalismo sessuale di così non si può. Altro che Marguerite Yourcenar, qui urge Ninì Tirabusciò.

2. Le due Sicilie – Muoviti fermo!

Lo stretto è largo. Così, attraversando il mare di Messina in ferribotte, disse Angelo Musco, la maschera pirandelliana del *Berretto a sonagli*. E lo stretto, infatti, reclama rane dalle bocche larghe. Oggi Matteo Renzi, pronto a erigerne uno, come ieri Silvio Berlusconi. E come ancora prima qualunque squagliacquazzina passato dalle stanze dei bottoni.

Lo stretto non è stretto e purtroppo non tiene lontana la realtà delle cose con la più inopportuna delle pensate. Le avvicina. Peggio che un'allucinazione. E tutto questo quando per arrivare da Catania a Palermo, con l'autostrada dal pilone inginocchiato al dio del disastro, ci vogliono tre ore e mezzo. Quando su quattro strade, nell'intero territorio dell'isola, tre sono rotte o contorte. Come la Catania-Ragusa dove, per dirla con Fiorello, nelle stazioni di servizio oltre al carburante gli automobilisti possono usufruire della consulenza di uno psicologo.

Ed è una leggenda da sempre cornuta quella dell'eventualità di averlo il Ponte. Se si fa, serve alla mafia perché così – moderna com'è, fiutando l'affare – specula sugli appalti. Se non si fa, invece, si va incontro agli interessi della mafia perché questa – arcaica com'è, imponendosi nell'arretratezza – vuole mantenere il business dei traghetti.

Largo è lo stretto, ma manco è stretta la Sicilia. La rete ferroviaria è fatta di binario uno, *triste y solitario*; le frane sono all'ordine del giorno, le tubature idriche saltano come fossero tappi di vulcanelli improvvisi e proprio a Messina dove manca l'acqua ormai da due settimane – dove c'è nientemeno l'esercito in assetto di emergenza – arriva questa buona nuova del Ponte promesso ancora oggi da Renzi, giusto a replicare il già detto del Cavaliere, e a conferma di una strategia sfacciata: fare della Sicilia il cesso ultimo delle illusioni. Quelle di più stretta urgenza.

Unni si? "Dove sei?" Unni persi li scarpi 'u Signuri. "Dove smarrì le scarpe nostro Signore." Così si compendia il dialogo del dedalo, il perdersi, lo smarrirsi in cerca di una meta che comunque dimora nell'andare e nel continuare a cercare qualcosa. La Sicilia – che di suo non è un'isola, bensì un continente – è un labirinto dalle variabili infinite. Ci si può avventurare dentro la viva carne della sua geografia e trovare le più inaspettate sorprese. L'asfalto tradisce la nostalgia del tratturo e la segnaletica decora l'approssimazione col gusto vintage delle più struggenti nostalgie. Uno spettacolo, l'entroterra. A piedi nudi tra le stoppie.

Vola, vola, vola l'ape Maia. Ma l'autorità dello stato vola ancor di più. Il primo viaggiatore è Angelino Alfano, titolare della Farnesina. Tra l'estate del 2016 e la primavera del 2017 – riferiva Emanuele Lauria in un dettagliato servizio su *Repubblica* – "si è imbarcato sessantotto volte sugli aerei messi a disposizione dalla presidenza del consiglio". Per ventisette volte su sessantotto Alfano – livello di protezione 1 – ha preso l'aeroplano per tornarsene a casa, ad Agrigento.

Un Lapone più che altro, l'operoso Alfano. Dove c'è autorità, si sa, c'è casa. E siccome il caso ci mette lo zampino, guarda caso sono ben tre – con Alfano – i vertici del giardino istituzionale d'Italia impegnati nel su e giù con Roma nello stesso aeroporto, a Palermo. Vola giustamente il capo dello stato, Sergio Mattarella. E vola anche Pietro Grasso, la seconda carica dello stato, presidente del senato. Una domenica sì e l'altra pure – senza prendere l'aereo blu, naturalmente, ma impegnando lo stesso il cerimoniale – il governatore regionale Rosario Crocetta va all'*Arena* di Massimo Giletti e lo scalo di Palermo diventa "un caso" più antropologico che politico con l'andirivieni di protagonisti, familiari, accompagnatori, collaboratori e agenti di scorta costretti al rito alle incombenze del "caso".

La tratta Roma-Palermo (e viceversa) è la vetrina della casta con le sarde di Sicilia. Il 6 marzo 2017, nella lenta e lunga fila in attesa del volo Alitalia delle 12.00 diretto a Fiumicino c'è Vito Crimi, un parlamentare nazionale del M5S. Sta per fatti suoi e attende. Dopo mezz'ora, quando la fila è sempre più stanca e nervosa, fa la sua apparizione Antonello Cracolici, deputato regionale, uno dei grandi capi del PD tendenza ficodindia. Le istituzioni non possono certo attendere e Cracolici, con un carabiniere che gli fa saltare la fila entra e così conferma il proprio lucore sociale. Col carabiniere che di certo riconosce Crimi ma – diciamo così – non ne individua l'urgenza di stato.

Un altissimo funzionario della Prefettura racconta di come Renato Schifani – al tempo in cui era Seconda carica dello stato, ovvero presidente del senato – fosse scrupolosissimo nel salvaguardare le istituzioni. Appena atterrato nella sua Palermo, pur coi motori dell'aereo di stato già spenti, non metteva la testa fuori dal portellone se prima non sentiva sopra di sé la girandola rombante delle pale: quelle dell'elicottero di stato.

Vola, vola, vola l'ape Maia. E girano così le pale di scorta della suddetta autorevole autorità di stato. Dalla pista dell'aeroporto fino alla casuzza dell'autorità di stato sorvolano il tragitto dell'automobile di stato per scongiurare qualunque ostilità dell'antistato. Schifani si fermava a Palermo, con Alfano – il Lapone supremo – l'elicottero arriva fino ad Agrigento. Ma lui è un'autorità di stato, non certo un surrogato.

Teoria e pratica della politica. Votare contro i compagni in Sicilia, alle prossime regionali, significa votare contro Rosario Crocetta e dunque – per li rami – votare contro la sinistra, contro il Partito democratico e ancor di più contro Matteo Renzi che per i siciliani è stato ed è peggio della grandine dopo una lunga siccità. Perfino peggio di Crocetta, è. Ed è tutto dire.

Il ticket per farlo conoscere, dunque. Quando si dice lo zuccherino. In Sicilia, alle elezioni regionali, il centrodestra sperimenta dunque l'accoppiata. Ma anche il centrosinistra lo vagheggia. Fabrizio Micari, rettore dell'università di Palermo, è considerato debole – troppo debole – dai suoi stessi sostenitori e viene fuori allora il nome di Giuseppe Antoci, presidente del parco dei Nebrodi. Fatto oggetto di un attentato, Antoci è il più squillante tra i nomi della sempreverde rosa dell'antimafia. Il deficit di carisma del professore dovrebbe essere colmato dall'aura legalitaria della vittima della mafia ma due al prezzo di uno, in politica, non completa il quadro delle alleanze, piuttosto il contrario: prepara le divisioni di domani.

Il trucco del ticket, quindi. Uno è messo in testa, l'altro – quasi un gregario, come nelle gare di ciclismo – è dietro. Nello Musumeci, il campione, si presenta come candidato alla presidenza. A seguire, nella stessa lista – o chissà in quale casella, secondo specifico tecnicismo – c'è il suo concorrente di appena una settimana fa: l'avvocato Gaetano Armao.

È, quest'ultimo, l'uomo di cui s'era innamorato Silvio Berlusconi per conquistare la Sicilia. Ma si ritrova messo tra parentesi e destinato a chissà quali tempi migliori. Un destino comune a tutti quelli di cui il Cavaliere s'infatua è quello di ballare un solo ballo: l'ultimo, il bravissimo Stefano Parisi. E, indietro nel tempo, il mitico Giampiero Samorì. Lo ricordate? Ovviamente no, l'avete già dimenticato.

Intanto il ticket. Avrà la delega all'Economia, Armao. E il ticket è fatto apposta per farlo conoscere perché – come dichiara Gianfranco Micciché, capo politico del centrodestra siciliano – "tra cinque anni potrà essere il candidato di tutto il centrodestra".

L'annuncio è fatto in apposita conferenza stampa ed è così che in un fermo immagine – con Musumeci, Armao e Micciché riuniti a uno stesso tavolo – la didascalia ritrae una speranza. In un solo colpo ci sono il governatore, il suc cessore e – con Micciché – il Manovratore, giammai disturbato dalla logica, anzi, da sempre spericolato negli assurdi surreali.

La politica si costruisce "qui" e "ora" e solo chi ha scritto Jo Condor in fronte può credere a una promessa strappata alle trattative da confermare tra cinque anni. Armao, un professionista tra i più quotati nel mercato di piazza Affari, può forse confidare nell'antica regola degli equilibri tra i poteri spagnoleschi – sopra al re, c'è solo il viceré – ma il ticket per farlo conoscere, come metodo, rivela ben altro deficit o, più propriamente, un lapsus. È quello di considerare solo l'aspetto elettorale della politica e mai – proprio mai – la costruzione di un progetto o la messa in chiaro dei problemi accompagnati da proposte di soluzione.

Tutta una vita passata a fare riunioni per candidarsi – mai per governare – quella dei politici in Sicilia dove ogni elezione è come un concorso pubblico per la conquista di un contratto a termine, di uno stipendio.

Un andazzo che diventa devastante a sinistra dove proprio in Sicilia, per scongiurare la disfatta di Matteo Renzi – e da Palermo arriverà il suo tibis e tobis, o la sua salvezza – non c'è un solo nome del ceto politico in grado di affrontare la realtà. Più che un ticket per farli conoscere, un rettore – dietro cui nascondersi. Come a voler dire: vai avanti tu che a noi ci viene da piangere.

Può avere tanti difetti Nello Musumeci, il candidato alla presidenza della Regione siciliana per il centrodestra, e il primo tra i difetti è certamente quello di pensare che una campagna elettorale possa salvare la disgraziatissima Sicilia. Può averne tanti altri di difetti derivati dalla sua principale virtù – essere parte in causa nel remoto orgoglio dell'ultima provincia – ma pensare che il suo difetto insuperabile sia quello di essere una quinta colonna di Gianfranco Fini, proprio lui che l'ha sempre combattuto fino a umiliarlo doppiandolo nelle preferenze, proprio no. Quando Fini scendeva in Sicilia, ai giornalisti che gli chiedevano di Nello diceva: "Musumeci, chi?" Difetta nella cocciutaggine piuttosto, Musumeci, convincersi – per come è convinto – di potere governare l'ingovernabile. Basti pensare che cosa ne fu di Rino Nicolosi, uno statista più che un semplice presidente di regione, l'unico che ha avuto visione e progetto nel Mediterraneo. Il migliore nella storia a noi recente. Gettato ai ferri, arrestato, sbranato da un cancro e – maledetta la nostra codardia – dimenticato.

3. Bastardoni

Pipì a spruzzo. Con Totò Cuffaro, tra fiori caduti e i Bastardoni. Ottimi, questi ultimi. Sono cannoli con le spine. Stessa forma, gusto superiore: "Parliamo, dunque, dei fichidindia che verranno; sono i tardivi," spiega con sapienza democristiana, "matureranno in autunno, molto più gustosi dei fichidindia della stagione estiva, generati dai fiori di giugno."

L'immagine è perfetta per la politica.

"Leoluca Orlando diventa sindaco a Palermo – fiore di giugno – e rischia di non diventare uno squisito Bastardone ma solo un ficodindia molle, uno di quelli che vanno poi a sfarinarsi."

Non si sfarina Ismaele La Vardera?

"Il candidato finto nelle elezioni vere è nel solco di Orson Welles, figurarsi se non gli firmavo la liberatoria."

Mentre, invece...

"Mentre Pietro Grasso, attuale presidente del senato, agognato quale candidato dal centrosinistra per la presidenza della regione, si guadagna le virtù del Bastardone. Trionfa su tutti i fiori caduti, sopravanza i frutti di giugno e però – per favore – lo sottolinei che l'allegoria è augurale, complimentosa...”

Sottolineato. Sta dunque consigliando la candidatura a Grasso?

“Ho stima e rispetto. Mi avvalgo però della facoltà di non consigliare. I miei consigli alle ultime amministrative hanno scatenato un *casus belli*, non voglio danneggiare una personalità quale quella dell'ex capo procuratore delle indagini che poi portarono alla mia condanna; posso solo ripetere: ha tutte le qualità, riconosciutegli anche, sebbene timidamente, da parte di quell'area centrista dove dialogano gli amici di Angelino Alfano, di Silvio Berlusconi, i centristi di Saverio Romano che sono andati male a Palermo ma che in Sicilia andranno di certo meglio e poi i Coraggiosi di Fabrizio Ferrandelli.”

Non è un consiglio, questo?

“È un'analisi; io – ripeto – mi avvolgo della facoltà di non consigliare.”

Pipì a spruzzo, dunque. Ecco un'idea di gioiosa libertà. Cuffaro sta di spalle – “Ho preso l'abitudine che avevo maturato in carcere, aspettando questi giorni giocondi” – davanti a sé ha i filari di fichidindia e sparge la propria pioggia: “Spargo azoto, lo faccia anche lei.”

Si fa perché poi – sono le ore 6.15 – l'aria del mattino stimola e l'ex presidente della Regione siciliana, medico volontario in Africa e contadino in Sicilia, da Cincinnato qual è contempla la riuscita scozzolatura delle piante.

"Spieghiamo la scozzolatura. Si fanno cadere i primi fiori affinché la pianta generi – in autunno – frutti più sostanziosi e duraturi. E come un contadino anche l'elettore pratica questa manipolazione genetica: rinuncia ai ficodindia d'estate – i politicanti del provvisorio – per avere il Bastardone più buono in inverno, i politici fuoriclasse."

In autunno e in inverno: ci saranno le elezioni regionali e forse anche quelle nazionali.

"L'allegorista è lei, io gioco di traslato."

E già ne sono caduti di fiori.

"I Cinque Stelle sono fiori caduti. A Palermo hanno avuto il diciotto per cento ma maturano nella possibilità di diventare Bastardoni."

E quindi cade il fiore Ferrandelli.

"Fiore scozzolato, Bastardone assicurato."

... battuto da Orlando in lotta contro il cuffarismo.

"Posso dire che ogni volta che sentivo questa storia mi fottevo dalle risate? Nella sua corsa a sindaco, tra le liste che lo sostenevano, il settanta per cento dei voti veniva dai candidati cuffariani da lui accolti a braccia aperte, senza fiatare."

I moderati hanno deciso per Orlando?

"Qui non c'è da scozzolare: Leoluca è un democristiano, e sa come fare; i moderati, in Sicilia – per non dire dell'Italia intera, moderata per vocazione – solo quando sanno aggregarsi riescono a vincere le elezioni mentre, al contrario, in assenza di collante..."

Berlusconi direbbe federatore...

"... buono lui, scozzolato come non mai, torna sempre."

Come Matteo Renzi?

"Chi pensava di averlo fatto cadere al referendum rischia di averlo solo scozzolato, pronto a sbucare quale Bastardone."

Il centrosinistra ha Grasso, e il centrodestra?

"Mi avvalgo della facoltà di non consigliare ma non hanno un candidato forte. E Noto. E non nel senso della città, capitale del barocco. Senza una personalità lontana dai partiti i moderati disertano le urne. E così anche un Rosario Crocetta torna a vincere con una percentuale misera. Paradossalmente Orlando è riuscito a fare quello che il centrodestra non riesce a realizzare."

A proposito di Crocetta.

"Alt, io non m'iscrivo alla disfida di Barletta contro Rosario al quale – sono convinto – riconosco la specchiata onestà e l'impegno nella lotta alla mafia, ma tutto quello che fa non basta: il PIL è sprofondato, i fondi europei non sono utilizzati, la disoccupazione aumenta."

Il proposito, però, nel senso dell'Antimafia...

"Niente distrazioni: è senza dubbio, quello di Crocetta, il governo dell'antimafia con la patente."

Come lo fu quello del suo successore, Raffaele Lombardo.

"Ecco, si distrae..."

E poi c'è l'antimafia degli imprenditori, Ivan Lo Bello, quindi Antonello Montante...

"Decisamente distratto."

Certo, l'apoteosi dell'antimafia è quella di Leoluca Orlando...

"L'alba la coglie distratto. L'antimafioso per eccellenza è il senatore Beppe Lumia che dalla commissione antimafia, dispensandone le patenti, condiziona la politica. Fu lui a fare e disfare il governo Lombardo. Bravissimo, infine, a sfasciargli da dentro la coalizione di centrodestra, fino a non farli mai più mettere insieme."

Ficodindia o Bastardone che sia, l'antimafia con la patente è già bella che scaduta...

"È finita l'era dei tanti Crocetta nella politica, nell'impresa e nella società."

Ma lei, infine, non si sente scozzolato?

"Io? Io sono azoto."

4. Non cambiamo e non vogliamo

È in un luglio torrido degli anni settanta che il lettore, a questo punto, deve immaginare di ritrovarsi. Innanzi al padiglione infuocato della fiera del Mediterraneo, a Palermo. Si celebra un congresso regionale della Democrazia cristiana e come tutti i congressi anche questo si diceva destinato a introdurre chissà quali sconvolgimenti. Erano gli anni dei leoni ruggenti: da Salvo Lima a Giovanni Gioia, a Nino Gullotti. Don Calogero Volpe da Montedoro che veniva dalla cultura del feudo (povero feudo), pur di raccogliere quel filo di vento che potesse aiutarlo a contrastare il supplizio dello scirocco se ne stava seduto sulla soglia del padiglione. Occhiali come due patelle, i molluschi, in maniche di camicia con la giacca raggomitolata sulle ginocchia, sbuffava di tanto in tanto. Non solo per il caldo ma anche per la noia di sentire i discorsi della tribuna. Come un papa, fortemente papa, si risolve a somigliare a un antipapa, così Calogero Volpe, potentemente protagonista, risulta laterale, estraneo, invisibile. "Zu Calò, ma vossia non piglia la parola?" gli chiese a bruciapelo Piero Fagone, cronista politico del Giornale di Sicilia. *L'onorevole Volpe – "deputato sin dalla*

Costituente e fino alla morte," così si legge su Wikipedia – girò lentamente lo sguardo, smorfiò una risatina metà ironica e metà dissacrante, fece roteare l'indice e il pollice come a impugnare un indicibile ferro e sentenziò: "Cu nesci la testa dalla tana... pum, pum!" Ecco, una stampa, una figura. *E un pietrone. Pum, pum!*

Tomasi di Lampedusa ha purtroppo ragione. "E noi torto," ebbe a scrivere Leonardo Sciascia. Tutto è diverso, nulla è però cambiato. Sempre nuovi tempi gloriosi verranno, "il che" – è don Fabrizio di Salina a parlare, il principe del *Gattopardo* – "ci è stato promesso in occasione dei cento sbarchi, da Nicia in poi, e... non è mai successo".

Avete mai percorso la Palermo-Catania? L'autostrada che si avvia lungo il tratturo d'asfalto, quella del crollo del viadotto Himera – fintamente inaugurata da Matteo Renzi il 30 aprile 2016 quando riapre alla circolazione la corsia superstite – è la cerca dell'ombra nell'assoluto nulla. Quel volerne uscire dall'anatema di Tancredi – "se vogliamo che tutto rimanga com'è, bisogna che tutto cambi" – non è altro che un attardarsi nel deserto della disaffezione.

Il Gattopardo è il libro che consente a Giuseppe Tomasi di Lampedusa di raccontare le reazioni del bisnonno all'indomani dello sbarco dei garibaldini a Marsala.

Ne sono venuti tanti, di tempi nuovi. C'è stato l'indomani dell'invasione anglo-americana, quindi l'indomani dello Statuto speciale, l'eterno indomani della Democrazia cristiana, poi l'indomani della stagione delle stragi di mafia, l'indomani di Silvio Berlusconi che vince sessantuno a zero in Sicilia, l'indomani della rivoluzione di Rosario Crocetta, l'indomani della traversata a nuoto dello stretto alla volta di Messina di Beppe Grillo e l'indomani, infine, del buco di bilancio regionale che nessuna amministrazione al mondo potrebbe reggere ma che a Palermo, nell'immobilità propria della fogna del potere, conclama la disaffezione del minimo del minimo di una landa assolata.

A sessant'anni dalla morte di Giuseppe Tomasi da Lampedusa, la sua Sicilia situata in perpetua quarantena, lontana da tutto – anche dalla contemporaneità – abita l'apnea di una malia: la famosa bella addormentata cui una magia ha sospeso la vita.

Il suo capolavoro, diventato un luogo comune, avvinto all'agonia di un'epoca passata contempla la rovina di ogni tempo a venire senza avere nessuna attività "ed ancora minore voglia di porvi riparo."

Il corso delle generazioni che ha trasformato "efficienti cafoni in gentiluomini indifesi" si conduce alla deriva nel lento fiume del pragmatismo siciliano.

Ecco il nostro tempo tutto cambiato, uguale a ciò che resta. Gli attuali vertici delle istituzioni, dal capo dello stato al presidente del senato, fino al titolare della Farnesina – e cioè Sergio Mattarella, Pietro Grasso e Angelino Alfano – tutti siciliani, se non possono considerarsi ben lontani sono comunque estranei all'immobile rovinio di una periferia remota.

Non succede niente e come Tomasi di Lampedusa – come il suo alter ego, don Fabrizio – si è sempre a metà tra due geografie e così tra due epoche, i vecchi tempi e i nuovi: "A disagio in tutti e due." Tutte anime illuse e rapaci.

In *Lighea*, ovvero, *La Sirena* – racconto tra i più belli scritto da Lampedusa – l'illustre professore La Ciura, argomenta così: "Chiudete in una stanza cinque siciliani e cinque piemontesi col compito di risolvere un problema. Dopo un quarto d'ora i siciliani avranno una qualche soluzione in testa, e i piemontesi nessuna. Ma dopo un'ora i piemontesi avranno risolto il problema, e i siciliani no."

Un buon siciliano – si sa – è sempre un cattivo cittadino italiano. E i corsi – si sa – ricorrono ai ricorsi: le province che il governatore uscente della regione, Rosario Crocetta, aveva pittorescamente cancellato nel 2013 durante una sua comparsata all'*Arena* di Massimo Giletti, tornano giusto a smentire la finta riforma telepopulista. Tutto come prima.

L'avete dunque percorsa la Palermo-Catania? Già dopo lo svincolo di Buonfornello si lascia alle spalle il mare e vi fa entrare nella Sicilia più strenuamente indigena, nella parte per di più gravida di memoria.

Ecco, le ombre. Ci s'inoltra e ancora si coglie l'eco di antiche grida – "la terra a chi lavora" – si scruta un monticciolo in direzione dell'estremo entroterra e vi rimbalza il crepitare delle mitragliatrici, quelle dei carabinieri ma ancora più violente sono quelle degli uomini agli ordini di Salvatore Giuliano.

Un abbaglio e pare di vedere le bandiere rosse del Primo Maggio, appunto: chissà cosa succede a Portella della Ginestra. Da Ponte Cinque Archi ci si destina ai feudi scippati ai Lanza di Trabia dai patriarchi della mafia: Giuseppe Genco Russo da Mussomeli e Calogero Vizzini da Villalba.

Andate ancora avanti. Si arriva all'altezza di Xirbi e c'è Emanuele Macaluso sulla sua bicicletta. Dietro di lui i compagni delle lotte contadine in marcia verso la Camera del Lavoro di Caltanissetta dove si raduna la marea dei braccianti pronti a occupare le terre.

Ecco, Caltanissetta. Abbassate il finestrino e assaporate anche l'aroma del caramello che si sprigiona dagli alambicchi della ditta Averna. Rivolgete una piccola preghierina per il cimitero dei carusi, i bambini costretti al lavoro nelle zolfare, ma guidate ancora per raggiungere lo svincolo di Mulinello, da Assoro arrivano gli operai delle miniere, quelli di Floristella, Faccialavata e Zimbalio, tutti finalmente emancipati dalla morte sicura nei pozzi.

Ancora un'altra uscita e c'è Raddusa. Ecco, osservate la distesa. Là dove c'era il feudo – la risorsa della morente schiatta baronale – vi dilaga il sol dell'avvenire. Non c'è più il marchese di Roccaverdina bensì il compagno Sacchinedda giunto da Leonforte per vendere *l'Unità* ai contadini di passaggio lungo le mulattiere.

Appunto, le ombre. Sembrava che fosse cambiato tutto – la modernità aveva dato pane e parola al popolo – e tutto questo viaggio, oggi, è solo un attraversare il deserto.

Non si vede anima viva, solo sterpaglie e abbandono. A Sacchitello, alla stazione di servizio, solo le cimici piazzate per intercettare gli eventuali malviventi lasciano sperare una qualche vivacità ma la descrizione che ne ricaverete, ancora una volta uguale a quella che ne ebbe Tomasi di Lampedusa, è quella minuziosa di un regno minerale di fossili animati sebbene inanimati.

La *licentia populandi*, prerogativa accordata dai viceré ai Gattopardi affinché si fondassero nuove città nei latifondi – colonie di sopraffazione e comunque di vita nuova – suona beffarda a spiegarla oggi all'isola tenuta lontana da tutto. E non c'è figlio di famiglia in condizioni di permetterselo che non abbia già preso la via della fuga dalla Sicilia. Chiudono le scuole, i paesi si svuotano, la popolazione invecchia. Crocetta ha il buco.

Lampedusa ha purtroppo ragione. E noi torto.

Meglio di Orlando contro Rinaldo il duello tra Alfio Barbagallo, deputato del parlamento siciliano, contro l'abicì della lingua 'taliana. Il signor Barbagallo – allevatore equino, deputato per caso – con la propria Durlindana di scarsezza e di superbia si scaglia contro lo spaventoso drago della sintassi e della *consecutio temporum*.

Il video del suo esordio da parlamentare – subentrato a Gino Ioppolo quando questi fu eletto sindaco a Caltagirone – non teme il confronto con Checco Zalone. Trionfa sui social dove però, accanto al divertimento dello spettabile pubblico – ognuno di noi, partecipe del duello coi propri inciampi – s'aggiunge il mugugno dei radical chic.

Dimenticano i nobilissimi analfabeti, a suo tempo fatti deputati dal partito comunista, e commentano con quella punta di razzismo propria di chi pesta un muro basso per sentirsi superiore. Oltre che di dividere il lettino dell'*Ultima spiaggia* con i profughi si meritano di trovarsi alle prese con un altro deputato siciliano. Anche lui un Barbagallo, di nome Salvino, passato da tutti i partiti, che di fronte a una discussione animata a Sala D'Ercole – l'aula del parlamento che fu di Federico II – va al microfono e porta la calma con queste precise parole: "Spengo la luce, scendo fra i banchi e sono timbulate per tutti." Laddove per *timbula* s'intenda la guancia, e dunque sono ceffoni quelli promessi da questa specie di *Incredibile Hulk* di centosessanta chili per due metri d'altezza, tutti di muscoli e di suffragio universale.

Così è stato. E così è, la Sicilia. E il racconto della politica è meglio dell'*Opra* – l'opera dei pupi – laddove la suprema scienza aristotelica della *polis*, tra le città del mondo, non può prescindere da Catania.

È l'urbe dell'Elefante la cui proboscide a guardia del palazzo del municipio è carisma di pazienza. Ed è l'antidoto al fanatismo della legge se ancora qualche anno fa – con Renato Brunetta reclamante efficienza dagli impiegati pubblici – passando nei pressi del Castello Ursino, proprio davanti l'ingresso dell'ufficio anagrafe, assistevamo a una scena definitiva.

Il responsabile dell'ufficio se ne sta appoggiato allo stipite della porta. Fuma tranquillo la sua sigaretta. Un passante gli chiede: "Non lavorate di pomeriggio, vero?" L'impiegato stacca dalle labbra la cicca, soffia un filo di fumo e – dando un'occhiata dentro, tra le operose scrivanie – risponde: "Caro amico, il pomeriggio siamo chiusi, è la mattina che non lavoriamo."

La politica, in Sicilia, è un continuo *Sedotta e abbandonata*. Così è stato, così è. I cani randagi, ancora ieri, nel piazzale dell'aeroporto danno il benvenuto ai turisti che s'avventurano verso i parcheggi distribuendo pulci e *muzzicuna* ma l'epopea che decifra meglio la crisi – così è, così è stato – è quella che si vive sui mezzi pubblici.

Al Fortino, ovvero Porta Garibaldi, i devoti di "sant'Agata d'estate" aspettano da quasi due ore alla fermata. Un autobus, finalmente, arriva. La folla può allocarsi nell'apnea del primo pomeriggio ma una signora – in viaggio per la novena di vigilia – sfinita, protesta. Forse la veemenza è inadatta a una pia attesa però il paziente e carismatico autista, dipendente pubblico, sa come disinnescare l'esplosione: "Signora cara, perché se la prende così in criminale; avevamo forse un appuntamento io e lei?"

Scarsi e superbi, i siciliani, fanno di necessità vizio. E sempre è stato – come, così è – da quel mattino dell'aprile 1971 quando, a Palazzo degli Elefanti, sede del municipio di Catania, alle 7.30 del mattino, immancabilmente, si presenta un tipo che da un anno ormai celebra un suo speciale rituale.

Eccolo, ha il passo indolente del trentenne canuto di furbizie e però bellino di presunzione. Raggiunge l'apparecchio di marchiatura appeso alla parete e vi timbra il cartellino. Uscendo, invece che entrarvi negli uffici, si piazza in mezzo al corridoio. Solleva i propri pantaloni nel frattempo scivolati sotto la cintura e urla: "Schiavi, voi restate qui a lavorare e io me ne vado a passeggiare."

Grida in faccia quell'improbabile saluto ai propri colleghi. Non pago, poi, guadagnandosi la scena al centro del magnifico cortile del palazzo, accompagna la piazzata con un tiè. Sbattuto sul braccio a significare ciò che ben significa. Mentre la parola "schiavi" echeggia ancora tra corridoi, scale e stanze.

Una scena quotidiana che diventa presto insopportabile. Il tipo, infatti, non solo già da un anno strilla l'irrepetibile epiteto – schiavi! – provocando un'alzata di spalle dei colleghi, usi al carisma e alla pazienza, ma lo ripete adesso alle guardie e anche al capo ufficio a cui, riservando un trattamento speciale, domanda: "Lei è il segretario comunale?"

Alla risposta affermativa del dirigente, ripete il suo solito gesto – sarà un tic – solleva i calzoni, e così prosegue: "Me ne compiaccio. Veda però, adesso, di andare a fare in culo. Io me vado a passeggiare." Se ne va e innesta, nel silenzio dell'intero municipio, ancora una frustata: "Schiavi!"

Non è un pazzo, è un dipendente, regolarmente iscritto al sindacato. Il fatto venne riferito al sindaco, Turi Micale che, alle 7.30 del giorno dopo – sollecitato da tutti, non solo dal segretario comunale – attende nell'atrio del municipio per intervenire.

Succede il fatto e Micale, con la fascia tricolore, interviene: "Come si permette? Vada a lavorare!" Le burocrazie, finalmente, trovano giustizia. Quasi sta per scattare un applauso al sindaco quando il tipo, alzandosi le brache (svelando un polpaccio grande quanto quello dell'Elefante), domanda: "Lei è il sindaco? Me ne compiaccio. Veda però di andare a cacare. Io me ne vado a passeggiare." Davanti a quell'insolenza Micale dà disposizione di redigere la lettera di licenziamento, se la fa portare sulla propria scrivania, dopo di che – paziente e carismatico qual è – cercando in una cartella grigia di sua continua consultazione, fa per un po' il confronto tra l'uno e un altro foglio. Quello del licenziamento e quello – tutti sanno cosa sia – con l'elenco dei raccomandati.

Così è stato, così è. Quanto a colpi di scena, meglio dell'opera dei pupi. Il nome del vastaso coincide con il primo della lista. È segnalato da Nino Drago, potente boss democristiano. Micale indica la prima riga dei raccomandati, quindi – con la penna puntata sopra – controlla il nome del reprobo da licenziare, tira un sospiro e si butta la biro alle spalle. Non senza, prima di muovere il passo, sollevarsi anche lui i pantaloni, dice: "Non so voi, ma io me ne sto andando a cacare."

Ecco, quel che c'era una volta, c'è ancora.

Gian Antonio Stella, perfido, sforna una pagina perfetta sul *Corriere della Sera* e sul tema proposto – la Sicilia che getta i soldi per la gestione del turismo – scova un dettaglio. Con la ghiotta concupiscenza del lupo vecchio ne scova uno che la dice lunga, lunghissima, sul tic rivelatore del belato culturalista: il tic linguistico. Nella Sicilia dove non ci sono occhi per piangere c'è un profluvio di lingua 'nglisi. E perciò via con "Steering Commitee", "Market coverage", "Avaitability growing" che non è il magnifico intercalare – avaja! – ma un'altra tra le orlate fuffe del nulla regionale offerte dal dossier dell'assessorato del Turismo siciliano recante il titolo "Destination Management Organization". Considerato che il capo ufficio stampa dell'assessore è un genio di assoluto livello, ed è Luigi Pulvirenti – dominus dello *Zeitgeist* etneo – viene da pensare che l'abbia fatto apposta a condire così il papello per fare finire il suo pupillo sui giornali. Ma il dettaglio evidenziato dal perfido Stella squilla a prescindere dalla sulfuree strategie di comunicazione del Pulvirenti, ed è nel nome dello stesso assessore: Anthony. È nientemeno che Anthony Barbagallo, subito ribattezzato "Entoni" dal grande inviato il quale, giustamente, così riconosce la smagliante modernità di un orizzonte antropologico, quello di Sicilia, che sull'onomastica non teme nessun confronto. E perciò via con Jessica Falsaperla, Sue Ellen Pappalardo, Samantha Lanzafame e Alyssa Giuffrida. Tutte prime al traguardo del cuore di Entoni.

Il primo Papi fu Melo. Ovvero, Carmelo Raciti. È il proprietario delle Capannine, che è uno dei posti più belli al mondo, un lido balneare adagiato sulla spiaggia di Catania dove una sera, da Leojanni, arrivò Ruby. E da dove se ne scappò, urlante, per aver forse inteso o forse frainteso – così confesserà lei stessa in un interrogatorio – Melo che sbucò via da un armadio, tutto nudo e, dunque, con tutte le vergogne di fuori, in direzione del proprio giaciglio.

Lei non era ancora la nipote di Mubarak. Non era famosa. Era solo una prorompente bellezza siciliana, d'innesto marocchino. Era, infatti, la disperazione di Mohammed el Marough, il padre suo che la inseguiva per ogni dove tra Messina e Patti urlandole dietro: "Sciagurata, sciagurata..."

Prostituta, no. Non lo era. Un femminone sì, però. Già lo era. Come sembrò da subito a Raciti (per gli intimi Melo), che la incontrò per la prima volta in via Etnea. Lui era in compagnia di amici, tutti ingravidabalconi, e tutti se ne restarono catturati dalla ferina malia di una ragazza sciagurata che – chissà perché – cercava un posto dove dormire. Ne furono catturati, certo, ma a debita distanza.

"Una transitoria ospitalità," diceva lei a tutta quella comitiva che, grazie al Cielo, risultò galante. Il femminone, infatti, ai loro occhi si rivelò bambina e nessuno – nonostante le sue richieste – ebbe a scordare la strada di casa. Si scambiarono i numeri di telefono e la faccenda si chiuse lì.

Il primo Papi non si scorda mai e Ruby, infatti, durante un interrogatorio, lo raccontò di come se lo ritrovò, Melo, sbucato chissà come dall'armadio. In piena satiriasi. Ma come fu e come non fu, intanto, questa storia non è materia di magistratura. Non solo non è tema di processo perché Melo, ovvero Raciti, fu di cuore grande ad ospitare la ragazza, ma anche perché i PM di Milano, pur raccogliendo questa confessione, hanno voluto giustamente sorvolare proprio per non smentire il sostrato psicologico di una fanciulla che conoscerà la corruzione dei riflettori dopo, prima di essere Ruby Rubacuori.

Il primo Papi, dunque. Il fatto accadde due anni dopo il loro primo incontro. Lei si presentò da Melo, nel bel pieno della serata, alle Capannine. Si mostrò a lui trafitta, povera figghia, da un'infinità di guai e problemi con il padre, con la polizia e con il destino ingrato per poi mormorare, tra le lacrime: "Non so dove dormire."

Melo rispose, non però con delle vane parole, ma – da vero siciliano – aprendole la porta di casa. Direttamente quella della propria camera da letto. Lui, va da sé, dormì altrove. Non senza offrirle per il giorno dopo anche una tuta. Lei, povera figghia, era sporca. Non aveva un vestito di ricambio. Con una busta di plastica come bagaglio, povera figghia, era il ritratto della sciagura. E nelle orecchie, infine, non portava pendenti, no, ma solo l'eco di un urlo disperato: "Sciagurata, sciagurata." È la voce roca del padre suo, un ambulante di Letojanni, che si faceva pazzo per questa figlia: "È malata di televisione!"

Una cosa è il padre, un'altra è il Papi. Melo, uomo ospitale e di grande affabilità, fece approntare dai suoi uomini un bungalow per dare alla ragazza la "transitoria ospitalità". Lei, povera figghia, fu proprio grata. E come fu e come non fu si racconta che Melo, ad un certo punto, fece a Ruby un certo discorso...

Ecco, prima del discorso, però, una premessa. Adesso non c'è più un articolo ma un racconto, (c.d. *traditio* omerica), che in Sicilia fa d'uopo con gli arricchimenti dei fatti, sempre amplificati ed a maggior ragione quando si tratta di donne...

Si racconta che il nostro Melo, per i primi due giorni, si comporta con la ragazza da padre. Nel solco della sana tradizione si rivela ospitale e premuroso. Il terzo giorno però lui le parla e le fa quel "certo discorso", fatto – ci mancherebbe altro – con estrema sincerità: "Bella mia, tu potresti essere mia figlia e io ti rispetto. E però una cosa: tu hai anche una felicità di respiro in petto che mi fa perdere il sonno, il giorno e la fantasia. Ecco, figghia, io te lo dico con il cuore in mano, ma non credo che possa resistere assai e quindi – credimi – è meglio che te ne vai." Un vero Papi, appunto. La bella e giovane mora non se ne diede per inteso – o per frainteso – e nemmeno lontanamente pensò di andarsene, ma non fece i conti con la sincerità delle parole del suo ospite, effettivamente generoso e ospitale ma da sempre con un solo meritorio debole: i fimmini.

L'avviso sulla sua debolezza di carne, correlato alla permanenza, poté anche essere un cenno implicito di assenso sicché il racconto del giorno dopo – come nel racconto di lei – quando lui entra, si spoglia integralmente e si chiude nell'armadio della stanza della ragazza, per uscirne non appena lei sta per andare a letto, se non è Boccaccio è Brancati ma di certo c'è che in quel mobile Melo Raciti non ci fu. Lei si spaventa, urla e lo colpisce con qualcosa che c'è in camera, ed il malcapitato recede dai suoi istinti primordiali.

Fin qui c'è il resoconto di Ruby, povera figghia, non eclatante, certo, come la vicenda di Milano, ma certamente un racconto degno di letteratura anche perché Melo, il nostro Melo, è un vero grande. È un bel ragazzone – padre di Francesca, formidabile consigliere comunale del PD a Catania – ed è proprietario di tanti locali etnei. È prestante ma non è uno scimunito palestrato. Forse non ha nel suo forte la lingua italiana ma dovevate sentirlo nel pulmino che porta i passeggeri all'imbarco del volo Roma-Catania. "Melo," gli domanda un tipo, "ma come siamo combinati con questa crisi?"

Godetevi la risposta, altro che le analisi di Giavazzi & Alesina: "Una certa criticità," risponde Melo, "c'è, ma una cosa dove mi salvo – che è una cosa eccezionale – è la serata 'ggay. Mille ingressi, mille paganti. Mentre, invece, nelle serate normali, tutti vogliono entrare a gratis e tutti si prendono a legnate. Che sono belli, invece, questi 'ggay. E quanto sono precisi! Nessuno dà disturbo di niente. Entrano e stanno tranquilli. L'unica cosa, la mattina, quando faceva giorno era il problema della spiaggia che restava tutta piena di preservativi. Ma io ho avuto l'idea: ci feci i gazebo. E tutto, ora, è pulito e perfetto. Ad orario che vengono le famiglie in spiaggia non c'è rischio che trovano tracce. Ci fici fare la raccolta differenziata del preservativo dentro il gazebo."

Ecco, un vero Papi. E uno così, un genio dell'imprenditoria, come lui, s'infilava in un armadio?

Melania Trump a Catania è come dire la melanzana con ricotta salata e salsa di pomodoro. Non è irriguardoso il paragone – gli uomini di mondo hanno già capito – è la pasta alla Norma che, va da sé, come l'opera di Vincenzo Bellini è capolavoro assoluto. Con quel soprabito carico di colori e ciuri, col suo musetto su cui gli ingravidabalconi etnei lanciano sospiri infiniti, la bionda signora dal calcagno alto ha trovato giusta contesto e deve aver sudato tutte le camicie Enzo Bianco – beatissimo sindaco – nel dare attenzione a ciascuna delle sue ospiti, ossia le altre first-lady del G7, quando l'unica con cui prendere la Carrozza del Senato e scappare via era lei e con lei, tra le fresche frasche, rivivere il romanzo di Vitaliano Brancati: *Don Giovanni in Sicilia*.

Per carità di Patria non si dice dove di preciso ma in Sicilia – e comunque in uno dei siti dell'assoluta magnificenza – persiste l'incombere della spazzatura nonostante la presenza di regolari cassonetti messi a disposizione degli indigeni. Ce ne sono in abbondanza di raccoglitori, uno ogni dieci metri, eppure sono quasi tutti vuoti eccetto quelli collocati agli incroci: ben più che pieni, stracolmi. Circondati da rifiuti di ogni genere, i cassonetti, spariscono sotto colline maleodoranti traboccanti ogni lordura. Fino a segnare l'orizzonte tutto di cielo blu e paesaggio. Tutti ciò mentre gli altri raccoglitori, collocati più avanti lungo l'asse viario, restano vuoti. Ognuno, infatti, lascia il proprio sacchetto solo e soltanto nel primo recipiente comodo, fino a farne piramide, e nessuno si sforza di allungare di cinque passi dove trovarne un altro, regolarmente vuoto. La risposta al perché mai nessuno vada a gettare la spazzatura nel cassonetto vuoto forse è nell'etologia, quasi un voler tracciare il territorio, ma purtroppo la questione è tutta antropologica: noi siciliani ci siamo ridotti così.

Neppure ce ne rendiamo conto. Il minimo del minimo di civiltà, ormai, lo cataloghiamo nell'indifferenziata. "La Sicilia ai siciliani" recita lo slogan di Rosario Crocetta. Appunto. Si vede, anzi: si sente.

Il Sud che sovrabbonda d'insegnanti – dall'alta preparazione culturale, come certificato da un punteggio ministeriale – è anche il posto dove, secondo una classifica stilata da Amazon, si legge meno.

Giusto in questi giorni di fine agosto i professori della Magna Grecia arriveranno a Milano, a Padova e Venezia – rispettivamente prima, seconda e terza nella graduatoria delle città dei lettori forti – dove riverseranno, verosimilmente, la loro scienza già bella che infusa.

Reggio Calabria, infatti, è al quarantasettesimo posto. Appena sopra sono Taranto, Siracusa, Messina, Bari e Napoli (che è anche la città della straordinaria biblioteca dell'Istituto di filosofia messa sotto sfratto), mentre Palermo – dove ha sede l'unica industria vera e attiva di Sicilia, ovvero l'editrice Sellerio – è solo al quarantaduesimo posto.

E deve esserci un troppo complicato corto circuito se quel catalogo blu Sellerio, per esempio, che meritatamente regna incontrastato le classifiche di vendita in Italia, tutto il magazzino debba smerciarlo fuori dai propri confini. Con un Andrea Camilleri – per fare un esempio nell'esempio, benemerito dispensatore d'ossigeno del mercato librario qual è – acquistato e letto a Prato della Valle più che in via Principe di Belmonte.

Sono, quelle del Sud, le città dove chi non compra in libreria non acquista neanche online. Né edizioni cartacee e neppure e-book. Sono le stesse città dove alto è il bacino di utenza delle parabole tivù, delle birre e degli smartphone.

Lo sterminio delle librerie però, oltre a non tarlare il patrimonio dei saperi degli insegnanti, non inficia la qualità di preparazione degli studenti se poi questi, al Sud – come rilevato dalle ultime indagini statistiche – hanno voti molto più alti dei loro coetanei al Nord. Ed è scienza bella che infusa.

Saranno dieci anni che Andrea Camilleri ne fa novanta. È sempre festa intorno a lui. E senza aspettare mai la cifra tonda. Lo si celebra, infatti – e giustamente – a prescindere.

Come si troverà sempre una pagina culturale dedicata all'eterno suicidio di Cesare Pavese – o agli aneddoti di Dino Buzzati in via Solferino, o ai misteri della morte di Pierpaolo Pasolini – così non mancherà mai un inserto, uno speciale, un approfondimento di *exultate* sulla giovinezza del vecchio Camilleri. Adesso che Camilleri queste benedette candeline le ha spente anche per l'anagrafe un altolà, però – nella solennità – s'impone.

"Troppu traficu pi nenti," direbbe lui con William Shakespeare. E un basta, per favore basta, bisogna notificarlo ai soloni coi candelabri in mano: il neodirettore generale della RAI, Antonio Campo Dall'Orto, tratta Camilleri a reti unificate e così risulta peggio della buonanima di Enzo Siciliano quando metteva l'inaugurazione della Scala di Milano in prima serata. È giusto fare TeleVigata, personalmente non aspetto altro, ma coi modi proprio del consumo popolare: dateci Catarella, non il *Te Deum*.

Troppu traficu pi nenti, appunto. E un altro basta bisogna notificarlo al già detto: e si sa che Andrea fuma, che è spassoso e beve assai (non beve vino, però, dalla strage di Portella della Ginestra).

Troppu è 'u traficu. Dal tabaccaio, spiritoso com'è, reclama il vizio scansa tutti i pacchetti con sopra scritto "danneggia il feto", "provoca il cancro ai polmoni", "è dannoso per i denti e per le gengive". Ebbene, lui li rifiuta tutti – fa segno di no anche a quello con la dicitura "blocca la crescita" – e dice: "Mi dia il pacchetto che fa invecchiare la pelle!" Il suo brio è spontaneo, non è costruito e il sublime mai detto lo ha risolto Rosario Fiorello con puro lampo di genio. Ne imita la voce e dice: "Fonderò un social network che si chiama smokebook."

È bellissima la voce di Andrea Camilleri. È già una messa in scena. Inconfondibile, potente, avvolgente, in ogni voluta di fumo – perché, appunto, Camilleri fuma – lui apre il sipario su una storia irresistibile perché la virtù vera di questo meraviglioso vecchio è di essere generoso di fabula come ogni nonno. Leggenda vuole che abbia già scritto il capitolo ultimo dei Montalbano, quello in cui il commissario, come nelle regole semplici e chiare del mondo, vive, agisce, gioisce, patisce e poi muore. Leggenda vuole che sia stato già consegnato a Elvira Sellerio e che uscirà – cento anni di salute abbia ancora Camilleri – quando il suo autore non ci sarà più. "Un modo per andarcene insieme."

È – dicevo – bellissima la voce di Andrea Camilleri. Nel mentre che schiaccia olive, conta e racconta le belle e meravigliose cose di ogni tempo. Egli è racconto per gemmazione spontanea. Entra ed esce dal cartiglio creato da se stesso, e in quel suo sciorinare e sciogliere grovigli – dove è demiurgo – ne diventa parte, un tutt'uno con la narrazione a far da comparsa, antagonista, protagonista e servo di scena all'occorrenza, fino a fare le veci di un cuoco assai bizzarro che sa pescare tra aglio, peperoncino, cipolla di Giarratana e aceto per ravvivare un'insalata tutta di caratteri, colori e costruzioni semplici e così scongiurare la rottura dell'altro frutto ovoidale, il cabasiso, e cioè quello che il Mortillaro – autorevole dizionario siciliano – definisce "picciol tubero" la rottura del quale, oltre "la voce dinotante ammirazione", è letale.

Traficu poco ce ne vuole in questa matematica applicata qual è la scena altrimenti è giornata persa nell'affanno del ricrearsi a dare storie sopra storie. Come l'acqua sa correre lungo le contrade vive e fertili così le pagine di Camilleri, perfino quando sono unte d'arancino, vanno a nutrire la fantasia dei lettori a cui il bisogno di evasione detta una sola beata dittatura: il passatempo.

Troppu è 'u traficu ma tutto è il padre di Montalbano fuorché uno che si prenda sul serio rispetto alle pagine eterne della Letteratura con la maiuscola. Non è, insomma, un padre delle patrie lettere. Gli s'inventa da solo, ogni volta, il libro. E pure tutta quella Sicilia è frutto di un'invenzione. Agli scogli del Quinto viale, a Plaja Grande, c'è Angelo Russo, l'attore che interpreta Catarella, sta per i fatti suoi con la canna da pesca in mano e il passante rapito dal tramonto dell'Irminio quasi non riesce a decifrare il salto tra arte e imitazione della stessa arte volendo proprio chiedergli, "scusi, Catarella, come sta il commissario?" E così è con Roberto Nobile, a Donnafugata, l'eroico reporter di TeleVigata negli sceneggiati di Carlo Degli Esposti: finissimo anche nella scrittura, Nobile suscita quel sentimento proprio della passione civile tanto è aderente e vero nel ruolo che poi va a interpretare. Per non dire dell'immenso Marcello Perracchio, medico legale nei film di Montalbano, genio della recitazione e antico interprete di Camilleri anche a teatro, scomparso nell'estate di quest'anno tra gli applausi di un funerale di popolo. Era uno che diceva mincia in luogo di minchia. Perracchio aveva la declinazione attoriale iblea.

Facile gli viene 'u traficu a Camilleri offrendo canovacci già belli e pronti nel via vai del quotidiano e lui, piuttosto, è una macchina di sogni come lo fu Federico Fellini o un inventore di mondi come lo fu – ed uguale è lo spropositato successo di mercato – Giovannino Guareschi.

A dispetto dei Roberto Saviano – di cui, oltre il marketing ruffiano, non resterà nulla – Camilleri resterà. A differenza di un Carlo Cassola, di cui non è rimasto nulla (ma che pure vendeva tantissimo), Camilleri rimarrà. A differenza di un Alberto Moravia – di cui sono rimaste le sopracciglia – Camilleri ci sarà per tanto tempo ancora. E se vale l'eredità materiale, e tale è quello che si scorge nella provincia di Ragusa – dove la telegenia ha eletto definitivamente a Scicli, a Ibla, a Donnalucata e a Sampieri e perfino a Punta Secca, la mappa di una Camillerandia – ciò che per un tavolo ai Deux Magots si risolve per Jean-Paul Sartre, ciò che per la *tabacaria* di Lisbona si decifra per Pessoa, per Camilleri, nel frattempo trasfigurato anche nei Topolino, tutta quella Vigata di cui è cantore s'incarna anche in un modello di sviluppo nel mare grande del sottosviluppo meridionale al punto che i turisti vi arrivano tra i carrubi per respirarne non la mitologia ma la sostanza di un'isola nell'isola.

Come Fellini del quale dura ancora oggi il suo universo di *Amarcord*, Camilleri durerà. Come Guareschi del quale sosta intatto nel sentimento del pubblico il suo "Mondo Piccolo", Camilleri sarà ancora stazione di posta dell'immaginario per le platee future. E come Mario Puzo – per citare un altro fabbro della narrazione a noi contemporanea – il cui presepe di personaggi è sempre vivo, foriero di linguaggi e modelli, di Camilleri, con Vigata, resterà di certo l'intero suo personale feudo letterario fatto di semplicità artigianale e di una lingua tutta inventata dilagata dappertutto oltre il canone del pittoresco e del televisionese.

Il suo siciliano, infatti – come la sua Sicilia – non esiste. È puro grammelot a uso di messa in scena. E come nell'opera dei pupi la Durlindana, la celeberrima spada di Orlando, diventa Trullintana, così i "cabasisi" di cui sopra – nell'epica di "Montalbano, sono" – mutuano i più impegnativi "cugghiuna" laddove, si noti, il plurale termina sempre con la vocale "a", retaggio di un latinismo proprio dei *verba generalia* (*non sunt impiccicatoria*). Esempio: le "ossa" che giammai diventano "ossi".

Andrea Camilleri, come l'inimitabile *Settimana enigmistica*, vanta un'infinità d'imitazioni e varie sottomarche ma si ritrova a essere unico e per sempre unico. E dunque – come la Targa Florio – è un unico campione, popolare e chic al contempo. Come l'Amaro Averna, è unico goccio di godurioso e robusto graspo. Come il cioccolato di Bonajuto, quello di Modica, Camilleri è unico di vizio e ghiottoneria perché Camilleri, insomma, è l'unico possessore di quella lingua di cui lui è contemporaneamente grammatica, sintassi, morfologia, ortofonia, costruendosi l'originalità di unico immenso feudo – il suo – nella terra larga e grande della letteratura siciliana dove è solo, selvaggio e parente a nessuno.

A dispetto degli alberi genealogici, in quella letteratura di Sicilia che dall'Ottocento in poi coincide con la letteratura d'Italia, il Camilleri alle cui fronde in tanti arrivano per goderne i successi è radice a se stesso.

S'è fatto da sé e non c'entra né Luigi Pirandello e neppure Federico de Roberto. S'è fatto da sé e difficilmente questo signore alto, con gli occhiali, capello lungo sulla nuca, può farsi scatola di luoghi comuni altrui. Quando Camilleri è solo il signor Camilleri e ha pubblicato due soli titoli – *Il corso delle cose* e *Un filo di fumo* – ha un'unica cornice intorno: gli alunni della "Silvio D'Amico". Sono ancora da venire i tenutari dei candelabri – i mammasantissima custodi dell'opinione pubblica – quelli che oggi gli fanno luce per cavarne il chiarore. Il successo è qualcosa che riguarda altri. Non lui.

S'è fatto da sé ed è il febbraio del 1985, a Roma. I ragazzi dell'accademia di teatro sono a cena. Con loro c'è il maestro, Camilleri, appunto, che mangia e beve assecondando – buon per lui – la corpulenta sostanza di spensieratezza di tutta la compagnia. Squilla il telefono, Peppe Dipasquale va a rispondere ed è Leonardo Sciascia che parla: "Mi passa per favore Camilleri?" Peppe è emozionato, chiama il maestro, aspetta che finisca la telefonata e gli domanda: "Che vuole da te?" La risposta di Camilleri: "Sciascia è uno che mi vuole bene."

Radice a se stesso, Camilleri non sconfina nel feudo del maestro di Racalmuto, non dunque in quello del Caos, non in Vitaliano Brancati, non in Elio Vittorini, non in Ercole Patti, non in Antonio Aniante, e non in Gesualdo Bufalino che pure – come Camilleri – si adopera nella fabbrica della lingua. E se vale l'aneddotica – e minchia, se vale – si conta e si racconta della pazientissima disperazione di un mito della Letteratura con la maiuscola, ovvero Vincenzo Consolo, ammutolito ma impazzito per via dell'ingombrante pietra d'inciampo chiamata Camilleri.

Grande ma acido, l'autore del *Sorriso dell'ignoto marinaio* amava pensarsi assiso sul trono del "più grande scrittore vivente". Già si vedeva celebrato ma manco il tempo di vedere morire Sciascia e dunque succedergli che gli arriva da Comiso, Bufalino. Manco il tempo di accompagnare al camposanto Gesualdo e presentarsi all'avvicendamento ed ecco che, d'improvviso, sbucava da chissà dove Camilleri. Su quella sedia tanto ambita andava a posare le terga un autore senza particolari quarti di nobiltà – anzi, un produttore, quasi un attrezzista della RAITV – lo stratosferico successo di vendite del *Ladro di merendine*, poi, andava ad aggiungere un "il più venduto", apportando così, e non solo a Consolo, un sovrappiù di bile anche all'acidità di stomaco di tanti venerandi. Quelli cui mancano sempre i diciannove soldi per fare una lira una di successo commerciale.

Radice a se stesso, Camilleri – autore del catalogo Sellerio – incontra il genio luciferino di Maurizio Costanzo e qui bisogna riconoscere l'efficacia di una trovata propria dello show: "Comprate questo libro," dice Costanzo mostrando dagli schermi di Canale 5 la copertina del *Ladro*, "se poi vi delude vi torno indietro i soldi." Fu un trionfo. Con Costanzo benemerito più di qualunque recensore, più di qualunque critico letterario, fosse pure un De Sanctis o un Benedetto Croce redivivo.

Radice a se stesso, Camilleri, come fatto economico, è stato una specie di FIAT e però senza i contributi del governo. E siccome non di palloccole si parla ma di pagine in serie industriale, capiterà tra qualche tempo – forse vi si adopererà un genio qual è Andrea Parasiliti, storico del libro – di capire il fenomeno Camilleri attraverso le regole dell'economia e del commercio. Un vero e proprio flusso di vendite generate, agli inizi del fenomeno, dal Nord-Est – dal Veneto, sempre attento all'innesto meridionale – e non certo dalla sua Sicilia. E senza Montalbano a far da esca. *Il birraio di Preston*, uno dei suoi romanzi storici, passa da zero a settemila copie in una settimana. Un trionfo, un vero e proprio caso per raccontare un mutamento di costume.

Troppu traficu. Camilleri, oltre al fenomeno letterario qual è, si sente cadere addosso il carisma da divo che muove le masse. Se ne accorge il giorno in cui gli viene recapitata la prima traduzione in gaelico, lingua adatta assai agli aedi e ai rapsodi, e subito dopo quella in giapponese, con Camilleri che non riesce a capacitarsi su come guardare lo stampato – se giù o se su rispetto alla pagine, se di lato – non avendo idea di come decifrare gli ideogrammi. Il mondo diventa la sua platea e ha avuto la conferma in occasione di una festa, a via Asiago, una cerimonia in forma di assembramento di popolo o di sagra, un'adunata organizzata da Carlo Degli Esposti e non dalla Rai, dove per dirgli buon compleanno s'è presentato tutto il suo pubblico, eleggendolo a nonno più che vate ma ebbe ad accorgersene a maggior ragione quando un giorno, a casa, gli si presentarono davanti due signori, educatissimi, convinti di trascinarlo in un'operazione forse inusuale in ambito letterario ma richiesta assai presso i supermercati: fare il testimonial della Coca-Cola. Dice di no. Disse di no, pare, anche a Barilla e fa tenerezza perciò trovare nei supermercati siciliani la confezione di peperoni "Montalbano". Camilleri, in fondo, è come il Cacao Meravigliao. Un marchio, una garanzia. Pura materia dell'immaginario.

Radice a se stesso, Camilleri si fa forte della non-ambizione culturale. Con Edoardo Sanguineti, padre di tre figli maschi, lui che è genitore di tre figlie femmine – Betta, Mariolina e Andreina – giocava a combinare il matrimonio, come a voler comporre le nozze tra la critica e la letteratura. Grazie a Dio, non se ne fece nulla.

Non ha appunto l'ambizione di competere nei feudi di altri, non scimmiotta generi e l'unica eredità che prepara, più che di marketing – propria dei fenomeni da bestseller – è materiale. I mille rivoli del suo inchiostro, infatti, arrivano in altri mondi più che nell'unico libro dell'immobile letteratura. E perciò la radio, la televisione, il cinema e il teatro. Il Camilleri più stupefacente è in quest'ultimo ambito e ne ho ben cognizione per aver goduto da vicino, grazie a Dipasquale, il laboratorio di vere e proprie macchine sceniche quali *La concessione del telefono*, *Il birraio*, *La Tempesta* (da Shakespeare) e poi ancora la *Camilleriade*, un allestimento al Teatro Valle, una coproduzione con lo Stabile di Catania, una festa teatrale a inviti, l'unica occasione per me di stringergli la mano ma ahimè mancata per via della maschera di sala che, incurante del fatto che fossi parte in causa, non volle saperne di farmi entrare.

Radice a se stesso, Camilleri ha la chiave di una Sicilia tutta sua, l'unica Sicilia che si può esportare nel mondo. Rispetto ai rabbiosi lupucuvi, i lupi cupi della memoria, lui è l'unico ad avere elaborato il lutto per la scomparsa della Sicilia che fu. È gioioso, infatti, non indugia in malinconie e senza perciò il gallismo del don Giovanni in Sicilia sfodera un erotismo più panico che onanistico; senza il dogma della retorica mette a carte quarantotto i dogmi del politicamente corretto svelando che sì, il commissario Montalbano, l'uomo sbrigativo e deciso della legge, altri non è che suo padre.

Camilleri – radice a se stesso in letteratura – nella vita ha radice in quel genitore che forse, ancora oggi, fa da contrappeso al tempo corrente dove lui stesso, travolto dalle incombenze di un idolo del sorriso, ha pur dovuto correre incontro a costo di lisciare il pelo dal verso giusto. Un pelo di certo a lui assai intimo – quello della sinistra, quello del partito egemone della cultura – e su cui io, personalmente, in tutti questi anni del suo successo tante gliene ho detto e fatte tante da volerle adesso rendicontare tra le minchiate ingenerose cui s'incappa per il gusto di cicalare contro i dante causa dello *status quo*. Uno spiritaccio così, mi dicevo, non poteva abbassarsi ai girotondi e visto che saranno dieci anni che ne fa Novanta, forse quando furono Ottanta, giusto sul *Foglio*, preparai la voce del *Dizionario degli italiani illustri e meschini* che a rileggerla, oggi, un po' mi diverte e un po' mi fa sentire scemo immaginando che lui si diverta confermando tutta la scemenza dell'esercitazione ideologica in luogo di un riconoscimento.

Alto, impomatato, col capello impomatato lungo da dietro – a volte con foulard e col profumo – Camilleri è un siciliano che non ha mai trascurato la fisicità. È il 1985 ed è insegnante presso la "Silvio D'Amico", l'autorevole scuola d'arte drammatica dove tanto mi sarebbe piaciuto andare a studiare e dove non andai per conclamata incapacità, confermata da una semplice osservazione di mio padre: "Ma dopo lo sai cosa potrai andare a fare? La pubblicità ai formaggini."

Eccolo, Camilleri alla "Silvio D'Amico". È corpulento. Gli piace, per sua fortuna, mangiare e bere. Oggi è arrivato a novant'anni. S'è bevuto un oceano di tutto (non però il vino). È spiritoso. Fuma. Fuma assai. Non fa traficu, ed è tutto.

Più che il taxi poté la sedia a rotelle. Ci fu, la scorsa primavera, una giornata di assalto ai palazzi. E la vera rivolta non è stata però quella dei tassisti a Roma, dove c'era Beppe Grillo a fare atto di presenza nei paraggi, no.

L'insurrezione più travolgente è stata quella di Palermo con Pif – ossia Pierfrancesco Diliberto, regista e autore – che alla testa dei manifestanti, i disabili gravi di fatto abbandonati dalla sanità pubblica è andato per le spicce con Rosario Crocetta.

Nel frattempo che un capo-commediante metteva cappello sui moti dei tassisti, un altro comico prendeva possesso delle stanze del presidente della regione caduto dal pero, anzi, dal ficodindia, per farsi dare una risposta definitiva su tremilaseicento casi gravi di veri invalidi nella terra dei falsi certificati, gettati nella disperazione e nell'abbandono.

Più che il taxi, è la sedia a rotelle a segnare il cambiamento. Anche l'insurrezione di Pif è *grillismo*. Cambia il primattore tra Roma e Palermo ma la commedia – ancora meglio, la tragedia – è sempre quella: il vuoto della politica, l'incapacità del famoso PD di prestare attenzione al cosiddetto popolo delle disuguaglianze.

La politica fugge la realtà. Da un tetraplegico non si può cavare glamour come da una battaglia sulle unioni civili. Difficilmente un catetere diventa narrazione tra le pagine di *Vanity Fair* per far sì che poi Matteo Renzi produca tweet adatti alla scaletta di *Uomini e donne* nel trionfate storytelling di Maria De Filippi, l'unica in grado di realizzare il Partito della nazione. E c'è voluto infatti Pif per fare entrare i disabili a Palazzo d'Orleans, sede del governo siciliano, e questa umanità ultima e fragile – quella dei malati – proprio perché la politica è fiction ha potuto avere udienza aggirando solo grazie al Testimone.

Della lunga giornata dell'assalto al palazzo di Palermo – un vero e proprio Vespro – resta una domanda multipla destinata a una sola risposta: dov'è il PD, dove sono le opposizioni parlamentari al governo di Crocetta, dove la stessa società civile degli impegni frou frou se poi nessuno è in grado di portare a termine una piccola ma significativa battaglia? Dove, dove e dove sono andati tutti? La risposta, quindi...

5. Ferro & fuoco

La mafia brucia l'estate. E la cupola si fa compare allo scirocco. Le sterpaglie si sposano alla gramigna della criminalità organizzata, e così il vento – subdolo nel nascondersi, pronto a emergere da ogni anfratto – apre il fuoco sotto il comando di Cosa nostra. E la Sicilia va in fumo.

Tutto vero, tutto secondo copione, di certo c'è Matteo Messina Denaro a orchestrare le vampe. Ma in tutto questo giusto quando tutto brucia, ventitremila operai forestali e milleduecento lavoratori del corpo forestale, sono al corso. Riferisce la pazzotica e pittoresca notizia, Accursio Sabella su *Livesicilia*. Ventitremila operai e milleduecento lavoratori del corpo forestale – tanto è grande l'esercito silvestre – non sono dunque nei boschi perché si trovano al corso di formazione. Anzi, di "informazione" (come precisa Sabella).

La mafia brucia l'estate e alla data del 15 giugno ogni milite dello spegnimento è mobilitato. E però in ufficio, ciascuno nella rispettiva sede di distretto. Un comunicato di Maurizio Croce, assessore al Territorio nella giunta di governo della ridicola Regione siciliana, proclama quanto segue: "Le attività antincendio sono partite."

Tutto giusto. Calogero Foti, dirigente della protezione civile, dichiara: "Il sistema ha reagito bene." Le attività sono iniziate nella data prevista dalla legge e però alla lavagna. I forestali, per i primi due giorni – proprio quando tutto brucia – si ritrovano a spiegare ai precari il come fare ciò che già si fa da anni: spegnere quel fuoco che, in Sicilia, vanta la stessa familiarità che ha il terremoto col Giappone.

La colpa, manco a dirlo, è della mafia. Ma proprio a giugno, quando il caldo fa scappare via tutti per rintanarsi in casa cercando riparo nella *stanza dello scirocco*, proprio nel mese delle trebbiatrici e delle stoppie secche e facili da accendersi, la Sicilia – forte di un'abitudine – organizza l'emergenza con due giorni di corso e parla quindi Gaetano Gullo, dirigente generale del corpo forestale: "È stato fatto tutto ciò che era possibile." Tutto questo mentre metà del finanziamento sempre più urgente al corpo forestale è bloccato dalla Finanziaria della ridicola Regione siciliana.

È stata la mafia, *senzadubbiamente*, per dirla alla Cetto Laqualunque. Criminalizzare i problemi che non si sanno risolvere è la scorciatoia più facile per scansare le vere responsabilità. Veri interventi antincendi – a cominciare dalla prevenzione – non ce ne sono stati. Per il PD, il partito che spadroneggia nelle burocrazie e negli assessorati, "le attività di prevenzione sono state regolari e sono partite in tempo".

Gli scheletri delle case bruciate, la cenere che ricopre le alture e lo scempio di cupo nerume che avvolge ciò che resta degli alberi smentiscono ogni propaganda. Gli stessi forestali, i sindacati di categoria, e i bravissimi cronisti immuni dalle mistiche ideologiche hanno elencato omissioni, ritardi e colpe della macchina regionale. Neppure il disastro di Pantelleria – l'isola che ha visto distruggere dalle fiamme larga parte del suo territorio – è servita a svegliare i pur vigili custodi della legalità. C'è il fuoco, ed è stata la mafia. Una spruzzata di antimafia mette a posto tutto. Fino al prossimo incendio, alla prossima estate.

Seicento ettari in tre giorni. Qui c'è da buttarla in politica. E va bene che c'è stata la voragine nel Lungarno, il tubo rotto dell'Acqua pubblica a Firenze; c'è stato anche l'attentato – il 18 maggio 2016 – al presidente del parco dei Nebrodi, Giuseppe Antoci, un agguato stile anni settanta. Sono segnali di un disagio – uno dettato dall'incuria amministrativa, la mancata manutenzione; l'altro dalla recrudescenza della criminalità agreste – di un mancato sentimento tutto italiano, essere degni della bellezza.

Seicento ettari bruciati in tre giorni. Così a Pantelleria. E quella velocità che la Regione siciliana mette nell'agevolare le lobby del petrolio per trivellare il mare non la mette, invece, nell'attuare un iter iniziato nel 2007 con Romano Prodi che nell'isola del vento, del passito e dei dammusi, aveva previsto il primo parco a sud dell'Aspromonte.

Seicento ettari ridotti a polvere in tre giorni. L'isola brucia. La stagione turistica è segnata. Alla fine di maggio del 2016, dalla Montagna Grande, è dilagato il diluvio di fuoco. Salvatore Gabriele, il sindaco, accusa "criminali collegati a certe sacche di resistenza subdola". Il fuoco non ha dato tregua e c'è stata una mano a scatenare tutto ciò.

Seicento ettari bruciati in tre giorni. Il progetto del parco, varato dal governo Prodi, grazie alla Finanziaria, è stato bloccato subito. L'ex ministro dell'Ambiente, Stefania Prestigiacomo, intervistata da *Repubblica* ha poi confermato: "Abbiamo subito sin dall'inizio fortissime resistenze nei territori e anche all'interno della burocrazia regionale." Massimiliano Fuksas, pantesco d'adozione, dice: "Mi sento male vedendo questo scempio. Guardando pure al disastro del Lungarno di Firenze, penso che noi italiani non ci amiamo." Ecco, Seicento ettari. Bruciati perché qualcuno ha messo mano al fuoco, come qualcuno ha fatto fuoco al parco dei Nebrodi, come qualcuno – non capendo un tubo – non s'è accorto del tubo rotto sul Lungarno. Qui c'è solo da buttarla in politica.

Un crollo e finalmente sì che furono Due le Sicilie, con l'autostrada spaccata a metà. Nel 2015 Palermo è stata separata da Catania e occorrevano quattro ore di macchina per coprire una distanza di soli duecento chilometri. A questo punto mi permisi di suggerire la SS121 perché più che negli anni cinquanta è l'epoca di Goethe che torna nell'Isola dove il viaggiare è passatempo; e perciò fa d'uopo appoggiarsi anche alle regie trazzere – impercorribili d'inverno, per la nebbia e la neve – ma deliziose nella bella stagione, specie se sfiorando Piano Battaglia, inerpicandosi tra i sugheri ci si immerge nello struggente concerto delle Madonie dove neppure il tram di Sergio Mattarella, o la bicicletta di Graziano Delrio, possono arrivare.

Due, dunque, sono le Sicilie e due sono le reazioni: quella dei siciliani, rassegnati, e quella dei politici la cui esuberanza *sparaminchiatara* arriva a traviare perfino un ministro dell'Interno come Enzo Bianco, oggi sindaco di Catania (domani futuro presidente della regione), che se ne uscì con la sparata di attivare Ryanair e collegare l'Aeroporto Vincenzo Bellini con Punta Raisi.

I siciliani, il cui complesso di superiorità coincide con la più profonda e ovina delle rassegnazioni, sanno che un fatto come questo può accadere solo in Sicilia, altrimenti non se ne starebbero a fare slalom tra strade statali, provinciali e tratturi inseguendo le innumerevoli interruzioni; il viadotto Scorciavacche sullo scorrimento Palermo-Agrigento è collassato una settimana dopo l'inaugurazione; Corleone-Bisacquino interrotta in un tratto e saranno più di dieci anni che una frana – a cui si aggiungono i continui smottamenti – tiene bloccata la galleria sulla strada Enna-Piazza Armerina.

Questa della strada con la galleria tappata è una via fondamentale per il flusso turistico ma i siciliani – la cui sensibilità in tema di patrimonio culturale e artistico è doppiamente "ovina" – già sanno cosa ne verrà da questa deviazione, come da quel benedetto pilone inginocchiatosi per sempre all'altare dell'incuria: un disastro per il turismo, per l'economia e per quel minimo di dignità propria di una terra che forse, con Goethe, sarà facile da guardare – difficile da capire – ma destinata di certo all'irrilevanza e al disastro sociale.

Due Sicilie e due modi, dunque. Alla pazienza dei siciliani, in verità impegnati anche a riderne, per non piangere, fa da controcanto l'esibizione parolibera del sensazionalismo. Qualcuno ha ipotizzato la circumnavigazione dell'Isola. Altri – come al tempo del Postale in navigazione da Napoli a Palermo – attendono gli approvvigionamenti via mare ma la proposta del ponte aereo fatta da Enzo Bianco, non fosse altro per l'autorevolezza di chi andrà a breve a sostituire Rosario Crocetta, urge di un sommario calcolo. Eccolo. C'è da arrivare un'ora prima in aeroporto; mezz'ora per le pratiche d'imbarco; un quarto d'ora di volo effettivo; mezz'ora ancora tra atterraggio e sbarco, altri tre quarti d'ora, infine, dall'aeroporto Falcone-Borsellino per raggiungere il centro di Palermo. S'impiegherebbe tanto quanto con la macchina, solo per centottanta passeggeri però e senza il piacere di un caffè e un cartoccio di ricotta a Polizzi.

Adesso sì che sono Due le Sicilie, con quell'autostrada fatta al ribasso, coi viadotti lunghi ed economici, in luogo delle più costose e durevoli gallerie. Due di Sicilie con quell'idea di farne una, nessuna e centomila con lo Stivale, ovviamente con il Ponte di Messina la cui probabile costruzione impegnerà gli esperti di mitologia più che d'ingegneria (rimasto com'è, il Ponte, nel limbo delle chimere, nella migliore delle ipotesi o, nelle antologie delle barzellette, per più facile destinazione). Con le famose ferrovie odorose di nafta che garantivano le agili sei ore di percorrenza (la modernità è intanto arrivata, portata dal crollo delle strade, e ha trasformato per necessità le sei ore in tre) tra una stazione e l'altra – dall'Elefante etneo alla città di Santa Rosalia – sempre più Due sono le Sicilie, anzi, Tre. È quella che se ne sta in parlamento, a Roma, a preparare il granaio elettorale a Matteo Renzi – coi maggiorenti del PD che sono andati a trattare il salvataggio dal default commissariando di fatto, Crocetta, accuratamente tenuto lontano da Palazzo Chigi – perché tra i siciliani, l'arte della pazienza tenera e ovina si affina anche in una variante bovina: calarsi le corna e mangiarsi quel po' di pastura che resta ai margini delle clientele.

Il sindaco di Messina, Renato Accorinti – quello coi sandali e la magliettina – a tutti i costi voleva fare venire il Dalai Lama, già premio Nobel per via di quella specializzazione tutta sua: essere buoni. La fissazione, si sa, è peggio della malattia e, a tutti i costi, il sindaco Accorinti ha invitato il Dalai Lama a tenere pubblica conferenza in tema di interculturalità al teatro greco di Taormina e al Vittorio Emanuele di Messina. Costi quel che costi, secondo i piani il Dalai Lama non avrebbe lasciato la Sicilia senza la bella cittadinanza onoraria offertagli dal sindaco per donare il suo messaggio di fratellanza universale ai messinesi, estensibile anche ai reggini. E l'impegno per il dialogo, poi, non fa che infiammare tutti di pace, pace e ancora pace. Senza dire di tutto quel tendere ai valori di libertà, di non violenza e dei diritti tutti, storti o obliqui che siano. Costi quel che costi la venuta del Dalai Lama a Messina è costata circa ventiquattromila euro. Cifra comprensiva di novemila euro di vitto e alloggio all'Hotel Metropole, undicimila euro di biglietti aerei da Francoforte per Catania per il santo padre e altre dodici persone al suo seguito, quindi millequattrocento euro di trasporto interno. Insomma, soldi tutti santi e benedetti, non fosse altro che col Dalai arriva l'interculturalità che non è cosa che si trova in ogni dove. Ma costi quel che costi, la domanda che ci domandiamo tutti noi è quella di Emilia Barrile, presidente del consiglio comunale di Messina: tutta questa fregola, legittima per carità, verso il Dalai Lama, perché non si ebbe per la bellissima Festa della Vara della Vergine Assunta? La specializzazione del Dalai Lama si sa – essere buono – ma quella della Santa Vergine è specializzazione celeste: alla processione di giorno 15, ferragosto, si è visto che "girata" ha fatto la Madonna per arrivare in piazza Duomo e da lì – da come girava – i messinesi avranno capito cosa sarà di Accorinti. Andrà a perdersi – lui, con i suoi sandali – dove perse le scarpe 'u Signuruzzu.

Come atto di fede a Dio, ragazzine di un'età compresa tra i dodici e i quindici anni lavano, vestono e rassettano la casa di Pietro Alfio Capuana, il Santone di Aci Bonaccorsi, che non è una città del degrado, anzi, è un fior di località etnea forte di fosforo e zolfo.

Eccolo, il Santone: si siede sulla sedia e non parla più con la sua voce. Con la lingua di un altro farfuglia qualcosa che non si capisce. "E però s'intuisce da come viene la pelle d'oca a chi l'ascolta," racconta uno sciagurato devoto, "sono le parole di un angelo di Dio che parla attraverso lui."

Ecco, lui: camicia a righe larghe, una coroncina del rosario in plastica al collo, capelli bianchi lisci, scriminatura di lato, ciuffo tirabaci, labbro pendulo per la gioia di Cesare Lombroso (se solo gli potesse misurare il cranio, col compasso...).

Ecco, ecco: si siede, biascica *pater* e *avemaria* e però sempre con le mani sul viziaccio porco.

Capuana, settantatré anni, noto a tutti come la reincarnazione di san Gabriele arcangelo, plagia le piccole – secondo l'accusa mossa dalla procura di Catania – al punto di farsi fare i servizietti. Quelli, appunto. Prestazioni d'opera, queste delle fanciulle, svolte singolarmente, o anche in gruppo, e sempre come atto di fede a Dio.

Lui parla, borbotta: "È l'amore dall'alto, è l'amore pulito." La voce è quella dell'angelo ma, intanto, questa l'accusa, la mano è del santo: costringe le ragazze alle manovre nel bassoventre, nel modo più sporco.

Se la fosse sbrigata, il Santone, con delle perpetue in età da *milf*, forse sarebbe finito tra le pagine di un fumetto sexy, gli Squalo degli anni settanta, ma a far commercio con l'innocenza – lui, san Gabriele arcangelo reincarnato nientemeno – ne ricava le manette.

Un *Te Deum* piegato alla bestemmia, dunque, questo delle bimbe. Figlie di mamma procurate e consegnate al Santone – sempre secondo l'accusa sostenuta dalla formidabile polizia postale di Catania – da tre procacciatrici: tre *apostole* di quell'incubo tutto di fanatismo e d'ignoranza qual è l'associazione cattolica Cultura e ambiente.

Un *Tantum ergo* d'aberrazione dove lo strazio delle ragazze non può che raggelare. E l'argomento della procura etnea è, appunto, uno: associazione a delinquere finalizzata alla violenza sessuale aggravata a danno di minori. Le giovincelle, infatti, come atto di fede, devono sottoscrivere una lettera in cui si dichiarano consenzienti e perfino innamorate del Santone, accettandone – nel caso d'inadempienze – multe in denaro (saldate dai genitori) e rimproveri da inghiottire davanti a tutti, nel cosiddetto *cenacolo* dove Pietro Alfio Capuana siede e biascica. E poi cambia voce. Per dettare legge.

Una vicenda che dura da venticinque anni, questa della comunità "Cultura e ambiente", un gruppo di preghiera fondato da padre Cavalli e poi trasformato – ancora prima che la giustizia ne venga a capo – in una trappola di coercizione e fissazioni.

Si chiama *Operazione dodici apostoli* – così nel codice dell'operazione di polizia – ed è stata, nello svelarsi, come una scheggia sfuggita al pittoresco per entrare nel vivo spavento di un laido segreto, proprio nella terra dove l'eros è la viva gioia dei Liolà, non certo Sade in salsa beghina, giusto in Sicilia dove ogni figlia femmina – per statuto sociale, per obbligo di stile – è il tesoro di tutti i tesori. Come nel più ambito dei paragoni quando del sentimento più profondo, fosse anche per la roba – per la proprietà – si dice: "Se la tiene come fosse una figlia femmina."

E però una mamma consegna alla polizia postale lo smartphone della propria figlia e la storiaccia finisce per come la raccontano gli atti: lui, il Santone, è in carcere; le tre signore, invece, ai domiciliari.

Ogni danno s'accompagna alla complicità. Come atto di fede. E sono proprio donne – così, l'accusa – quelle che si prodigano a fare carne di altre donne. Eccole, dunque: Katia Concetta Scarpignato, Fabiola Raciti e Rosaria Giuffrida. È moglie di Mimmo Rotella, quest'ultimo, deputato eletto al parlamento regionale sotto varie sigle, tutte centriste, tutte approdate a sinistra e il dettaglio è rivelatore perché i cinquemila (!) adepti sottoposti al dominio psicotico di Pietro Alfio Capuana, a quanto pare, oltre ai fattacci consumati dentro il *cenacolo* spiegano ben altro meretricio. Perfino quello elettorale se si pensa che a beneficiarne in termini numerici – senza alcun coinvolgimento criminale, ma solo di pacchetti da investire nella costituzione delle liste – ci sono i due figli del Santone.

Eccoli, sono Daniele e Salvo, sempre candidati, sempre presenti nelle assemblee territoriali: assessore provinciale, il primo, poi entrambi consiglieri comunali – ma in momenti diversi – a Catania, sempre centristi e poi approdati nel PD, con Daniele vice dei cosiddetti "Liberal PD" di Enzo Bianco.

Dettagli, appunto, e però coerenti in quella preghiera di chi ama Dio e amministra il prossimo. Una variante tutto sommato innocua rispetto a quella ferina e inumana consumata nell'antro dei più abietti cenacoli dove si ama Dio per fottere il prossimo.

I naufraghi che arrivano morti a Lampedusa sono nudi. I lampedusani li vestono coi propri abiti e danno loro una tomba.

Lo *ius soli* che tutti cercano è qui, nel cimitero dell'isola dove questi scappati per mare trovano una zolla e qualcuno anche un nome.

Il naufrago che arriva a Lampedusa quando sta per annegare urla il proprio nome per sapersi presentare perché solo in questo modo, galleggiando – pur sbocconcellato dalle spigole – riafferma l'essere lui una persona e non lo "zero, virgola" di un calcolo.

Il naufrago è recuperato in acqua dalla guardia costiera e da lì, insaccato, approda allo stanzone dei morti nudi di tutto, pure di bara, con il custode che corre portando pantaloncini, magliette e legname, tanto legno con cui chiuderli – i morti, i naufraghi – per sorvegliarli nella pietà della terra che tutti ci fa uguali.

La guardia costiera "che esce quando tutti rientrano" trova al largo una barca. Vi dondola dentro un liquame ustionante di benzina, urina e acqua di mare: una catasta di cadaveri putrefatti.

Solo il custode del cimitero sa come metterci mano, e quindi Compassione, su quella pappa informe. Il fetore della carne squagliata artiglia il blu incantevole del mare e del cielo.

Il custode, allora, alza l'ingegno: strappa dall'orto di casa sua le foglie d'alloro, le raduna in un fazzolettone che s'annoda in faccia al modo dei banditi del West e così coperto – proteggendo il proprio respiro – procede col da fare. Dal suo fagotto prende gli abiti asciutti con cui vestire i profughi, quindi scava, li seppellisce e poi vi mette sopra la croce.

"Come, la croce?" gli dicono tutti. "Non sono cristiani come noi, saranno di certo musulmani, dovevi metterci una cosa loro in segno di rispetto, una mezzaluna."

Ma solo il custode del cimitero, con l'alloro in faccia, conosce la parola giusta: "Se li avessi seppelliti sotto un altro segno li avrei fatti diversi da noi, il vero rispetto è farli uguali a noi."

È come attraversare una dolorosa canzone a due voci trovarsi qua, a Lampedusa, e leggere *Appunti per un naufragio* di Davide Enia (edizioni Sellerio). Questo è lo scoglio dove si registra il numero più alto di riconoscimenti di cadaveri in una zona non di guerra. E così, sfogliare quelle pagine di realtà e camminarci dentro – con la cautela propria dello stare in un camposanto, tra le tombe – fa scoppiare in petto la verità.

Una granata che scoppia nel cuore è Lampedusa. I lampedusani si fanno in quattro per capire come aiutarli, i naufraghi – i sopravvissuti, e le salme – e il medico, presente da sempre, non ha certo fatto il callo alla fatica dei mangiamorte.

Ed è sempre come la prima volta. Poco prima di aprire il sacco necroforo supplica Dio mormorando "fa che non sia un bambino" – fa-che-non-sia-un-bambino! – poi va a spalancare quella borsa e vi trova proprio un bambino: "Era," scrive Enia, "una cosuzza così."

Enia nel suo libro descrive Pietro Bartolo – lui è il medico – mentre rivive lo sconforto di quella autopsia: "Le mani del dottore erano ferme nell'indicarne la statura. Non più di quaranta centimetri. Il bambino poteva avere un paio d'anni."

E chissà adesso – in quale fossa, sotto quale lastra – è finito questo piccolino. Chiunque arrivi qui, tra le tombe di questo cimitero, scruta ogni placca – ogni buca – e s'interroga: "Dove l'avranno messo quel pesciolino?"

Chi legge Enia non può che andare a vedere e capire. Ecco qua, dunque, il pezzo di terra dove il mare, la benzina e l'urina hanno trovato tomba. Eccolo: un cespuglio fiorito, i lumini e "l'arriverò" di Cesare Pavese tra le croci. Così si legge: "Quale mondo giaccia al di là di questo mare non so, ma ogni mare ha un'altra riva e arriverò."

Tra le cale ricche di memoria, come nella grotta dedicata alla Madonna di Porto Salvo, c'è il segnale che da secoli, ormai, marchia l'isola. Al tempo in cui parlavano le armi dell'*Orlando Furioso*, come nella battaglia di Lampedusa – tre cavalieri mori e tre crociati – descritta da Ludovico Ariosto, coi cristiani hanno trovato sosta anche i musulmani fino a farne un porto franco.

Un segnale che fa stare insieme tutti, oggi, comunque c'è: un timone conficcato sul terreno. Lo stesso legno delle barche usate nelle traversate indica il luogo del qui riposano "musulmani e cattolici, vecchi e giovani, neri e bianchi..."

Un altro segnale scavato nella viva carne dei popoli è nella tela nella grotta che raffigura la Madonna, il Bambino e santa Caterina. Il quadro, oggetto di infiammata devozione, nell'incastro dei dettagli e delle affinità svela un'intimità con il monastero di Santa Caterina di Alessandria, in Egitto, da sempre collegato con questa isola che è ancora Africa quando Linosa, invece, è già Europa. È il monastero dove Muhammad il Profeta accordò la sua protezione e dove i cristiani vollero erigere una moschea che purtroppo non poté mai accogliere la preghiera per via di un errore di costruzione: non era orientata a Mecca.

Ogni indizio rivela l'imprinting. Una tomba antica e senza nome, addobbata di piastrelle color turchese, svela all'occhio una suggestione più che una data: quell'anno Mille in cui erano appunto solo mille gli abitanti dell'isola di Lampedusa e tutt'e mille saraceni.

La prova *Qibla* con l'iPhone, l'applicazione dello smartphone che indica la direzione di Mecca, conferma: l'elegante fossa è correttamente rivolta verso la preghiera. Tutto il resto, no. Tutto è confusione nel segno di fare presto e fare al meglio. I fiori sono scelti finti apposta per restare a lungo sulle pietre, ancora più duraturi delle lapidi di plexiglas del "Qui riposa".

Ecco, se non un nome, la storia: "Il corpo di una donna di età compresa tra i trenta e i quaranta anni viene rinvenuto dagli uomini della guardia di finanza a circa cinque miglia da Capo Ponente." La data, quindi: il 7 giugno 2008.

Ancora una data: 26/02/1973-21/01/2009. È la tomba di Eze Chidi: "Nato in Nigeria è stato ritrovato senza vita in un'imbarcazione a bordo della quale tentava di raggiungere l'Europa."

Sono più di vent'anni che dura, la storia. Paola e Melo dicono che è la tomba a segnare l'appartenenza. È la tesi dell'antropologo Marco Aime, loro amico, un tema fatto proprio dal Forum Lampedusa solidale che non è un'associazione, ma solo un gruppo di persone che in questo punto sul mare – il più vicino all'altro oceano, quello di sabbia – trova un bandolo alle esistenze venute a morire nel Mediterraneo dopo essersi lasciate alle spalle il Sahara.

Un ragazzo somalo che muore e fa sapere chi è – racconta Paola – rinuncia allo *ius soli* di qua perché la famiglia, nell'urgente richiamo dello *ius sanguinis* di là, in Somalia, viene a Lampedusa e se lo riporta a casa.

Per marocchini, tunisini, eritrei e nigeriani capitati qui è il tumulo a stabilire il domicilio. E mentre i sopravvissuti – indiscutibilmente vivi – diventano cifre di statistiche, i morti sono uomini e donne anche a dispetto del "pare che..."

Ed ecco il sepolcro di Yassin: "Pare che si chiamasse Yassin. Pare che Yassin venisse dall'Eritrea, che fosse stato arrestato senza motivo e chiuso in uno dei tanti lager libici. Pare che avesse un bimbo e una moglie in un centro di accoglienza in Svezia e che volesse raggiungerli. Quello che è certo, è che è arrivato senza vita a Lampedusa."

Paola e Melo gestiscono un B&B a Lampedusa che è come una camera di compensazione tra l'incontrovertibile fatto della bellezza assoluta e l'epica di Lampedusa. Enia vi ha scorto il *genius loci* in quella residenza e sono loro, personaggi della realtà trasferiti nella verità di sguardo e parola, a dare testimonianza. Nel libro, e poi ancora dopo, quando le pagine sono state chiuse: "I veri soggetti di questa storia, quelli che andrebbero ascoltati per comprendere i tanti perché di questo esodo di massa vengono rinchiusi nei centri e zittiti nei loro diritti e nelle loro ragioni."

Un libro che si legge coi piedi, questo di Enia detto Davidù nella realtà eclatante di una storia – quella del confine estremo d'Italia – diventata epica. Un libro da inghiottire trovando nomi. E tombe.

6. Aranci i'nterra

L'arancia, a tempo antico, non si spaccava a spicchi. E non si mangiavano le arance. Quando la Sicilia era la terra dei fiumi – e dei laghi – gli alberi d'agrumi si tenevano per bellezza. Non erano neppure commestibili i frutti, erano come le palle di Natale di una festa apparecchiata appunto solo per bellezza.

Ed è per questo, forse, che ancora adesso – oggi che le arance si mangiano – i giardini non sono proprio i parchi di aiuole e prato raso in cui cogliere le rose ma campi lavorati dove stordirsi di zagara. Sono gli spazi per fare terra, e fare giardino, a perdita d'occhio. Nel compimento di sazietà che fa dire "bello" e non "buono".

Sa dunque di bello ciò che è buono ma la bellezza che "sfregia" il paesaggio del degrado sociale di Sicilia disturba una certa idea della contemporaneità perché le zone maggiormente depresse del nostro territorio non coincidono più con la retorica del pittoresco ma con la devastazione ambientale e culturale: dal sabba dei precari forestali quando incendiano paradisi quali la riserva dello Zingaro in Sicilia, alla discarica a cielo aperto sulla strada statale 117/bis che collega Piazza Armerina a Gela.

È quella che da Santo Stefano di Camastra, dunque dalle coste tirreniche, arriva fino al Mediterraneo percorrendo un paesaggio di assoluto incanto di fichidindia e vigne tra sughereti e uliveti. È la strada che si percorre per raggiungere la Villa romana del Casale e Morgantina, la strada dove ogni tramonto si strugge sulle note del preludio di *Cavalleria rusticana*, la strada dove – giammai – arriva un colpo di scopa sulla coscienza dei siciliani. Mai e poi mai.

Nel paesaggio la Sicilia dispiega il proprio *genius loci* e quando la rosa scaglia il Jihad alla spiga – così nel Mediterraneo, al tempo degli emiri – la guerra del giardino contro il grano, ancor più dell'epopea delle conquiste militari, fa della Sicilia la ben compiuta tana della bellezza.

Il seminativo cede il passo ai fiori giunti da Qayrawan e il cielo trova il modo di specchiarsi sulla terra, tra quelle mura, quei commerci e quel lavorio di zappe da cui si generano zampilli. Sono giochi di frescura, conforto tra gli orti, tracciati tra canali e fontane per svelarsi agli occhi attenti come veri e propri monogrammi di trascrizione di poesia.

Un verso su tutti, quello di Ibn Hamdis, il poeta netino – "Vuote le mani, ma pieni gli occhi di lei" – conforta il diletto dei siciliani dell'anno Mille, l'epoca dell'apice di malia e grazia nel paese dei fiumi e dei vulcani dove, parafrasando Goethe, fioriscono le *al-limuniyya*.

La coltivazione degli agrumi, nella terra arsa dal sole, impegna l'idea superiore del "giardino mediterraneo" i cui frutti decorativi – l'idea è quella del palmeto riprodotto nelle volte della Cappella Palatina a Palazzo dei Normanni – duellano contro l'arsura del paesaggio naturale a conferma dell'irriducibile gara tra campagna e città.

Un combattimento, questo – la scelta di campo tra il destino rustico e l'urbanizzazione – che lo stato nazionale fa proprio negli anni trenta del secolo scorso quando porta a termine la guerra al latifondo. Nei feudi – nell'acqua più ambita dal pesce chiamato mafia – gli uomini delle prefetture, i soldati del genio militare, erigono i borghi rurali.

Una mobilitazione edilizia, questa dei borghi, che fu perfino superiore – in cubature, e con l'impegno di architetti di alta scuola – alla ricostruzione posterremoto in epoca barocca: destinata alle campagne per portarvi l'elettricità, le caserme, gli uffici postali, le scuole e la modernità là dove imperava il controllo selvatico dei campieri, dei soprastanti e dei banditi. In taluni casi anche piccolissimi insediamenti oggi abbandonati – un esito che riguarda anche i più grandi, malgrado i tentativi dell'UNESCO di porvi tutela – come Borgo Riena, neppure segnato nelle carte catastali e fino a pochi anni fa abitato da un ergastolano in fuga.

Il parco contro le sterpaglie, dunque, le irrigazioni in luogo della dispersione delle acque, i vigneti, perfino, a svantaggio dei cereali – sono i giardini descritti da Ibn

Hawqal presso Balharà, oggi Ballarò – per imporre un'identità.

I picciotti del Profeta edificano il palazzo di Ja'far a Maredolce, con il parco intorno, e tracciano le mappe. Accompagnandosi a Idrisi e ai geografi che disegnano i tre valli di Siqilliya (val Demone, val di Mazara e val di Noto), i saraceni di Sicilia – che non sono ancora "i mori dell'opera dei pupi", contemporanei alle Crociate – pongono sigillo al sentimento dei secoli a venire per tutta la Umma islamica.

Il poeta Muhammad Iqbal, nel 1931, durante il suo viaggio dal Pakistan verso l'Inghilterra, costeggia Mazara del Vallo e destina all'isola, "la perla dell'Islam" da lui mai visitata, il saluto di nostalgia e resurrezione di un "mondo che fu morto, oggi tornato vivo".

Combattono e riposano, i picciotti, a Ballarò, "ricco di polle e rivi" – scrive Salvatore Tramontana nel suo *L'isola di Allah* (Laterza) – "che vanno a ingrossare il Wadi Abbas". Oggi si chiama Oreto. È un rigagnolo, una colatura di miasmi più che un fiume.

Come la siccità ha sopraffatto la frescura, così la gramigna stritola le mura dei borghi rurali. Al mare intorno all'isola, invece, s'incarica dell'estremo agguato di commovente bellezza sullo scempio orchestrato dai siciliani. Come a San Lorenzo – la spiaggia prossima agli incanti di Vendicari e Marzamemi – dove c'è un insediamento non certo eretto dai militari del genio, bensì dagli abusi dello spontaneismo edilizio su cui solo l'emiro Giafar, a bordo di pale meccaniche, potrebbe portare riparo macinando l'abietto ammasso di alluminio, plastica, recinti sbrecciati e automobili, ovviamente, parcheggiate a pelo di sabbia.

Alle acque blu come il paradiso fa da controcanto l'orrido guasto di un'antropizzazione indegna dell'armonia del paesaggio. Guardare dalla terraferma il mare è come pregare, fare al contrario, invece, è bestemmiare: come ritrovarsi in faccia allo stupro se dal golfo di Gela, in territorio di Butera, cercando il castello di Falconara, se si procederà con l'intenzione di realizzare lì, il parco eolico sull'acqua. Trentotto pali aerogeneratori, alti centotrentacinque metri, messi a trapanare il fondale basso la cui sabbia, da secoli, custodisce i più preziosi reperti archeologici del Mediterraneo. Tutto quello sbuffo del dio Eolo, lì, è un corridoio – una sorta di finger – su cui arrivano gli uccelli migratori: è da lì che l'Africa feconda l'Europa, e viceversa.

L'isola ha pagato pegno sacrificando perle di definitiva bellezza quali Milazzo, Priolo, Augusta – sfregiate dall'industrializzazione che nulla ha dato in cambio alla Sicilia – e vera e propria *costa azzurra* per tutta quella bella gente arrivata dalle principesche proprietà dell'entroterra era Gela, oggi simbolo della devastazione urbanistico-ambientale.

Il guardare mettendosi al posto del mare svela il più chic dei segreti: l'approdo più bello – scelto dagli uccelli, seguito dalle alghe che poi vanno a gemmare di fiori sulle dune – è Gela, ma quel punto di vista, con l'obbligo di sazietà che fa dire "bello" al posto di "buono" si capovolge nell'esatto opposto di "brutto" e "cattivo" in uno dei più bei garden di Sicilia: il villaggio Le Rocce, a Taormina precisamente.

Vi si arriva a piedi e, totalmente abbandonato, il garden si mostra sporco, malsano e infestato di zecche. Visto dal mare, nel cielo mozzafiato della baia di Mazzarò, è una spettrale gruviera di cemento. Le casette a picco sull'acqua blu, infatti, sono ruderi affidati adesso alla gestione della Città metropolitana di Messina, un ente come tanti nell'indistinto mondo della fredda burocrazia. Con quei buchi squadrati da dove s'è cancellata ogni traccia d'intonaco e di decoro, pugno nell'occhio della madre Gea, un insulto vecchio ormai di mezzo secolo, il villaggio è quel che diventa sempre di più la Sicilia. Una cosa tra le cose che solo in questa terra di disperata bellezza possono succedere: come se su un costone delle Dolomiti fosse possibile lasciare decomporre un villaggio turistico ridotto in ruderi. Impossibile. Ma possibile a Taormina. La città diventa vetrina per il G7, con provvisoria cosmesi, le cui rocce bagnate dallo Jonio nell'abbacinante apparizione di Etna nell'indifferenza di tutti accoglie la cancrena di fatiscenti ruderi nel pieno polmone della macchia mediterranea.

La bellezza che sfregia il paesaggio del degrado si radica in un'antica abitudine. Possibile demolire una villa del Palladio? Impossibile. Possibile in Sicilia se – e la citazione è un'autocitazione da *Buttanissima Sicilia*, e la ricordavamo poco sopra in questo stesso volume – Villa Deliella, a Palermo, “nel 1959 viene demolita per averne adesso, in piazza Croci, un posteggio (per lungo tempo abusivo)”.

L’arancia, a tempo antico, non si spaccava a spicchi. E non si mangiavano le arance. Erano decorative. Ora, per dire – bellezza a parte – la Sicilia è un’arancia. Di *’nterra*, per come si dice. Buttata a marcire.

Gagliano Castelferrato. Chi ha memoria cinematografica riconosce questa piccola città dell'entroterra mediterraneo per tramite del *Caso Mattei*, il film di Francesco Rosi del 1972 scritto da Tonino Guerra.

L'ingegnere dell'ENI, interpretato da Gian Maria Volonté, parla da un balcone. È il 27 ottobre 1962 ed Enrico Mattei, tra gli artefici del miracolo economico – forte della scoperta dei giacimenti – può ben dare un annuncio alla folla.

Ci sono le madri, le mogli e i vecchi rimasti soli dopo l'esodo delle giovani braccia: "Dite ai vostri figli di tornare dal Nord e dai paesi stranieri, perché a Gagliano e in Sicilia ci sarà lavoro per loro e i loro figli."

L'emigrazione di sempre: quella di ieri, quella di oggi. Nei giorni a cavallo tra la fine di agosto e l'inizio di settembre gli emigrati tornano a casa per poi ripartire.

Capita di scorgere bolidi con targa straniera tra i tratturi delle campagne. Alla guida c'è qualcuno di quei figli che il miracolo economico l'ha trovato proprio nelle terre lontane al prezzo di umiliazioni, sacrifici e perfino sangue. Basti pensare a Marcinelle dove l'incendio innescato in una miniera, l'8 agosto 1956, porta alla morte duecentosessantadue uomini.

La maggior parte erano italiani, ne ha fatto un ricordo Sergio Mattarella ed è il presidente della repubblica a inviare un messaggio di saluto ai partecipanti del convegno a Gagliano, il 20 agosto 2017, dal titolo *Enrico Mattei, dal rientro degli operai alla fuga dei cervelli*.

È una giornata di studi organizzata dal FASI, ovvero la Federazione dei siciliani emigrati e con loro, oltre alle formule di cortesia, il siciliano Mattarella azzarda una promessa: quella di vigilare affinché "nessuno più debba andarsene via".

I cervelli di adesso, tutti precari, si danno alla macchia nel mare grande della globalizzazione. Ed è la storia di sempre.

L'ENI, che con la morte di Mattei subisce proprio a Gagliano la pagina più inquietante, ha snobbato lì gli emigrati a convegno e sorvola, ops!, su un tema che si destina alla rimozione della memoria: la sera stessa del discorso dal balcone, a Bascapè, nel Pavese, esplode in volo l'aereo del presidente dell'ENI.

"Dite ai vostri figli di tornare." Appunto, ieri. Le regioni del Mezzogiorno "perdono costantemente capitale umano", così spiega al convegno Nicola Lombardo, uno che sulla propria pelle vive il segno delle generazioni: quelle della Freccia del Sud, quindi quelle della Conca d'Oro, i treni dell'emigrazione di ieri. EasyJet e Ryanair, invece, sono i marchi che accompagnano l'esodo di oggi. Ed è stato straniante, in quest'agosto ormai alla fine, sentire leggere dal balcone di Gagliano – un'idea di Mario Ridolfo – il discorso di Mattei. C'è la storia di oggi. E Mattarella lo sa: dite ai vostri figli di restare. Al Nord.

Accoglie la notizia della sua elezione a Lampedusa. La prima telefonata è quella del santo padre. Papa Francesco chiama direttamente sul cellulare di Mustafà senza passare dalla prefettura di Agrigento: "Voglio congratularmi col governatore."

Il tunisino incaricato nel ruolo di mediatore culturale passa la cornetta al nuovo presidente della Regione siciliana. Questi, commosso, all'orecchio del papa gesuita pronuncia il suo primo impegno: "Santità, io sono al servizio dei poveri; non mi presto alla rabbia della demagogia e neppure all'avidità dei potenti; la nostra giornata è carità e amore."

Il primo applauso glielo riservano i migranti, i profughi e i naufraghi del centro di accoglienza, felici tutti nel dare il battimani all'uomo buono della provincia girgentana, richiamato dal Burundi, prestato alla missione più difficile: salvare la Sicilia.

L'ovazione non si ferma quando, dopo quella del pontefice, arriva la seconda telefonata. È Giancarlo Cancelleri.

Onorevolmente battuto, il leader del M5S si congratula col vincitore e annuncia: "Sarò al tuo fianco."

Le telecamere dei tigì e i taccuini dei presuntuosi giornali al caviale, tutti asserragliati sotto casa di Giuseppe Lupo – il Macron di Sicilia, incaricato di sbaragliare l'onda grillina – devono precipitarsi tutti altrove. Non c'è un solo posto libero negli aerei, gli equipaggi delle navi in servizio da Porto Empedocle si rifiutano di far salire a bordo le grandi firme, già al servizio di Matteo Renzi e di Angelino Alfano. Quest'ultimo, a bordo di un gommone, salpa dalla spiaggia di San Leone e tenta la difficile traversata del mare di novembre. Uno è il suo proposito: "Avrò mai il Suo perdono?"

Il furor di popolo è come il fuoco greco di una battaglia eterna tra il sentimento sincero degli elettori e le manovre di palazzo ma sono gli smartphone dei volontari della protezione civile a rilanciare la notizia sui social: un concerto di gavette urtate nelle sbarre delle carceri di tutta Italia partecipa la viva allegria della misericordia. E così anche nei quartieri difficili, tra i gommoni dei disperati in arrivo, e – naturalmente – in ogni piazza di Sicilia dove tutti baciano tutti, tutti salutano l'avvenuto miracolo.

È il successore di Rosario Crocetta, ma è anche il prosecutore di se stesso. Il presidente richiamato a Palazzo d'Orleans a furor di popolo – come un Enzo Tortora tornato davanti alle telecamere di *Portobello* – può ben dire: "Dove eravamo rimasti?"

Ecco Totò che vinse due volte. Le cancellerie internazionali – a eccezione degli Usa – manifestano il vivo compiacimento. Il MUOS, il sistema di radar dell'esercito americano a Niscemi, assai nocivo per la salute dei siciliani, è già lettera morta. Con un tweet, infatti, Donald Trump ne annuncia l'immediata dismissione. Barack Obama con Hillary Clinton e Lady Gaga con le Pussy Riot si danno appuntamento a Raddusa per un sit-in di protesta contro Cuffaro.

Con Totò che vinse due volte succede qualcosa di più di una elezione. La Cina fa schizzare in alto le borse commerciali con un solo annuncio: l'investimento di oltre quattrocento miliardi di dollari a Valguarnera Caropepe e a Castroreale.

L'India non è da meno: altri trecentosettanta miliardi. E così l'Iran che suggella un patto commerciale con Bronte, Montalbano Elicona e Calascibetta per la produzione del pistacchio, delle nocciole e dello zafferano. Il valore stimato nelle sensalie ex ESA e nei bazar dell'intera mezzaluna fertile è di duecentonovanta miliardi cui vanno ad aggiungersi altri ottanta miliardi per un derivato ghiotto quanto il caviale persiano, ovvero il formaggio piacentino di Enna.

Anche gli indici nipponici registrano l'improvvisa boccata di benefica liquidità derivata dalla notizia del ritrovato presidente. Il Brasile incarica una nutrita delegazione di manager di partire immediatamente. Da Brasilia, nottetempo, alla volta di Palermo, il gruppo si assicura un affare da sempre atteso: la riapertura del casinò a Taormina, della rotonda sul mare a Milazzo e delle *littorine* nell'intero percorso ferroviario di Sicilia, col raddoppio dei binari questa volta.

La Sicilia del dopo Crocetta entra nel mondo. Vladimir Putin non ha necessità di incaricare l'ambasciata per le felicitazioni o di telefonare perché, abile come nessuno tra gli uomini d'azione, è già a Lampedusa. Lukoil, da subito, lavora a pieno regime e Gagliano Castelferrato è eletta immediatamente sede centrale della potente ditta petrolifera, immediatamente operativa.

Lo zar di tutte le Russie – forse l'unico al mondo a sapere dove il neopresidente ha atteso il risultato – felice del buon esito delle elezioni si precipita nel centro-accoglienza per avere anche lui il festoso abbraccio degli africani recando con sé l'icona della Madonna di Kazan affinché il neogovernatore di Sicilia possa averne Santa Protezione.

Putin è ospite nella casa a suo tempo acquistata da Silvio Berlusconi a Lampedusa. Possiede le chiavi, vi ha anche portato un lettone e fatto trasportare le sementi di grano antico di Crimea per rinvigorire i campi di Kore da troppo tempo, ormai, stuprati dagli incendi.

Il Cavaliere, nel frattempo, accompagnato da Fedele Confalonieri, giunge nell'isola col suo aereo per unirsi alla comitiva non senza avere fatto prima una sosta a Fontanarossa, l'aeroporto di Catania, e portare così da Totò altri tre sinceri amici: Vladimiro Crisafulli, Pino Firrarello e Raimondo Lazzano.

I tre, rispettivamente, sono i capi riconosciuti delle masse proletarie, del gregge cattolico e del manipolo fascista di Sicilia. Quando finalmente tutta la comitiva si ritrova nel centro-accoglienza di Lampedusa arriva la terza telefonata. A malincuore – il tono della voce lo tradisce, simpaticamente Totò mette in viva voce – il prefetto dà la comunicazione ufficiale: Salvatore Cuffaro, detto Totò, nato a Raffadali il 21 febbraio 1958, è nuovamente eletto presidente della Regione siciliana.

È andata così, ed è finita proprio per il meglio. Adesso tutto va per incominciare, la Sicilia trova un orizzonte. Ma il disegno era un altro. È il 12 agosto, giusto alla vigilia delle vacanze ferragostane, quando gli uomini dei servizi segreti offrono a Sergio Mattarella, presidente della repubblica, l'idea giusta: liberare Cuffaro dall'interdizione perpetua.

Restituire l'ex presidente alla gara elettorale è la soluzione che la politica sa trovare quando il centrosinistra senza una chiara strategia precipita nel marasma. L'isola, nella preoccupazione del capo dello stato, e nel diktat dei poteri internazionali, non deve finire nelle grinfie di Beppe Grillo.

E il disegno era un altro perché Cuffaro – nelle intenzioni degli strateghi occulti – doveva solo servire a prosciugare, amato com'è, il bacino di consenso del M5S e così assicurare la vittoria elettorale al candidato dell'establishment, ovvero il Lupo, ma la volontà dei poveri ha preso il sopravvento: con Totò che vinse due volte, Cancelleri arriva secondo e il candidato del PD – sebbene benedetto dai giornali, dalle tivù e dalle banche – a stento arriva terzo, superando di un solo voto il candidato della lista dei precari ex cantonieri.

È appunto il 12 agosto quando all'interno di un appartato magazzino del lindo e grazioso cimitero di Castellammare del Golfo, un ricovero di lumini e attrezzi da giardinaggio, s'incontrano il capo dello stato e l'ex detenuto Cuffaro Salvatore.

I due presidenti hanno un comune e antico trascorso nella militanza democristiana. Non hanno necessità di testimoni terzi – il bue si riconosce dalle corna, l'uomo dalla parola – e la trattativa comincia all'ombra del perpetuo riposo.

La notoria compostezza di Mattarella, nel luogo, si muta in una stravagante vivacità. Gli si disegna un sorriso, quasi, quando va per abbracciare Totò la cui giovialità, al contrario, si trasfigura nella responsabilità propria di chi è chiamato al dovere supremo: "Sono nelle tue mani, presidente." Inevitabile la riposta di Mattarella: "Noi, Totò, siamo nelle tue mani."

È il pomeriggio del 12 agosto quando *il Fatto Quotidiano*, subito seguito dal TG *La7* di Enrico Mentana, lancia online lo scoop: "Cuffaro candidato presidente." Non c'è sera, da quella data, che non ci sia in tivù una "maratona-Mentana".

La cronaca di oggi, quella che comincia da un novembre prodigo di promesse, è la storia di una Sicilia finalmente redenta. Finalmente diventata bellissima!

Fate incetta di luce. Mettetevela anche in tasca. Magari resterà ancora fino a settembre. Certi pomeriggi sarà come la felicità a immagine e somiglianza di Vincent Van Gogh, poverino, che certi abbagli dovette sognarseli al prezzo di una notte stellata e non tra le colonne greche dei templi. Ci sarà ancora a settembre, certo, ma non ci sarete voi e non potrete più – come capita d'estate – di prendere la mano alla luce e portarla alle vostre labbra. E baciarla. Come in un rito di ogni sommità imprevedibile. L'aderenza protratta fino all'insostenibile di luce e bacio non avrà più il caro assenso, ma l'assenza.

Finito di stampare
nel mese di settembre 2017
presso
Grafica Veneta S.p.A.
Via Malcanton 2 – Trebaseleghe (PD)

Printed in Italy